リスク・コミュニケーションと
メディア

社会調査論的アプローチ

福田 充 著

北樹出版

目　次

序章　はじめに …………………………………………………………… 6

1章　「リスク社会」の到来
　1.1　ベックのリスク社会論 ………………………………………… 9
　1.2　リスク概念の多様性とリスク研究 …………………………… 14

2章　リスク・コミュニケーション研究
　2.1　リスク・コミュニケーションとクライシス・コミュニケーション‥ 21
　2.2　リスク認知研究からリスク・コミュニケーションへ ……… 27
　2.3　リスク不安が拡大するリスク社会 …………………………… 30
　2.4　リスク社会とメディアの問題 ………………………………… 36
　2.5　メディアとリスク・コミュニケーション …………………… 41

3章　リスクとメディアに関する調査計画と仮説
　3.1　リサーチ・クエスチョン ……………………………………… 46
　3.2　理論仮説 ………………………………………………………… 47
　3.3　調査概要 ………………………………………………………… 48

4章　現代人の持つリスク意識とその構造
　4.1　リスク認知とリスク不安 ……………………………………… 51
　4.2　リスク意識の構造モデル ……………………………………… 57

5章　リスク・コミュニケーションとメディア
　5.1　リスクへのメディア・アクセス ……………………………… 63
　5.2　メディアからリスク意識への心理プロセス ………………… 68

5.3　メディア広告とリスク不安‥‥‥‥‥‥‥‥‥‥‥‥‥‥‥ 79

6 章　リスクに関する社会教育の可能性
　　6.1　求められるリスク・リテラシー‥‥‥‥‥‥‥‥‥‥‥‥‥ 92
　　6.2　リスクの社会教育の必要性‥‥‥‥‥‥‥‥‥‥‥‥‥‥‥ 95

7 章　結果の考察とまとめ‥‥‥‥‥‥‥‥‥‥‥‥‥‥‥‥‥‥‥ 100

　　おわりに（謝辞）‥‥‥‥‥‥‥‥‥‥‥‥‥‥‥‥‥‥‥‥‥ 104

　　　注釈‥‥‥‥‥‥‥‥‥‥‥‥‥‥‥‥‥‥‥‥‥‥‥‥‥‥ 106
　　　参考文献‥‥‥‥‥‥‥‥‥‥‥‥‥‥‥‥‥‥‥‥‥‥‥‥ 117
　　　資料 1‥‥‥‥‥‥‥‥‥‥‥‥‥‥‥‥‥‥‥‥‥‥‥‥‥ 122
　　　資料 2‥‥‥‥‥‥‥‥‥‥‥‥‥‥‥‥‥‥‥‥‥‥‥‥‥ 133
　　　事項索引‥‥‥‥‥‥‥‥‥‥‥‥‥‥‥‥‥‥‥‥‥‥‥‥ 139
　　　人名索引‥‥‥‥‥‥‥‥‥‥‥‥‥‥‥‥‥‥‥‥‥‥‥‥ 142

リスク・コミュニケーションとメディア
——社会調査論的アプローチ——

序章　はじめに

　現代の日本はかつてないほど多様なリスクの脅威にさらされている。2009年には、新型インフルエンザが猛威をふるい、政府の厳しい対応とメディアの過剰報道によって日本全国が緊迫のムードに包まれた。また北朝鮮からのテポドン・ミサイル発射実験でも、政府による警報ミスなども発生し、日本中に緊張が走った。このときもテレビや新聞、雑誌などのメディアはこの危機を競って報道し、人々はその報道に対して一喜一憂したことは記憶に新しい。他にも、毒入り餃子事件や食肉偽装など食品の安全の問題は後を絶たず、人々は毎日口にする飲食物のリスクを考えながら生活しなければならなくなった。さらには、リーマンショック以後の金融危機によって、人々の仕事、職が脅かされ、派遣切りが社会現象としてメディアに取り沙汰され、働くことに対するリスク、不安が日本社会に充満している。会社員は倒産や首切りの不安に怯え、学生は就職難で就職活動に不安を抱えている。さらには、社会保険庁によるずさんな管理運営によって破綻寸前である国民年金に対して、日本国民は不安を通り越した怒りの感情を露わにし、その結果、長年の自民党政権に終止符を打った政権交代が実現した。現代では、老後の生活や医療など、社会保障までがリスクとして認識される時代となった。こうしたリスクへの不安がさらに晩婚化、少子化を進める要因の一つとなり、その少子化や高齢化の問題が社会全体にとって大きなリスクとなっている。

　現代人は、生活のあらゆる場面でリスクを感じ、その不安に怯えながら生活している。日常生活で接するあらゆるものにリスクが潜んでいる。筆者はここ2年間、在外研究のためニューヨークで生活したが、この状況はアメリカでも

同じであった。アメリカ人も、不況や健康保険、食品やテロ、ウィルスの脅威に怯えながら生活している。こうした状況はグローバルな規模で発生しているのである。このようなまさにリスク社会、不安社会の状況はグローバルな現象となっている。

その中で、メディアは人々にリスクに関する貴重な情報を提供する重要な存在であるのと同時に、その反面、メディアはリスクを煽ることで人々に不安を与え、社会不安や混乱をもたらす存在にもなりうる。リスクに関する情報を伝達するリスク・コミュニケーションにおいて、メディアはどのような力を持ち、そしてどのような機能を果たすべきか、リスク・コミュニケーションにおけるメディアの問題を考察するのが本書のテーマである。そして、本書には二つのねらいがある。一つ目は、社会学や社会心理学の観点から、リスク・コミュニケーションを実証的に検証する専門書としての役割である。本書を著した第一の意図はリスク・コミュニケーションに関する実証研究の専門書であり、またそれを学ぶ人のための入門書である。また二つ目のねらいは、社会調査法と、社会調査を用いた実証研究の論文作法を学ぶためのテキスト、入門書としての存在意義である。実際に本書では、筆者がこれまで行ってきたいくつかの質問紙調査の結果やデータを紹介しながら論を進めている。メディア研究を社会学的、社会心理学的観点から学ぶ人々にとって、この実証研究的アプローチは不可欠である。

メディア研究における社会学的、社会心理学的な実証研究のテーマには、以下のような軸から、公式が成り立つ。

●研究テーマ＝　研究対象　×　研究方法
　　　　　　（①トピック×②メディア）　（③調査方法）

これは、大学生の卒業論文でも、大学院生の修士論文や博士論文でも実証研究であれば当てはまる法則である。例えば、「イラク戦争の新聞報道に関する内容分析研究」という研究テーマであれば、①トピックに当たるのが「イラク戦争」、②メディアは「新聞」、③調査方法は「内容分析」である。この三つの変

数の組み合わせによって、メディアの実証研究は構成される。「テレビゲームが子どもの攻撃行動に与える影響に関する実験研究」であれば、①トピックは「子どもの攻撃行動」、②メディアは「テレビゲーム」、③調査方法は「実験」となる。そういう意味では、本書の研究テーマは「メディアとリスク・コミュニケーションに関する質問紙調査研究」であり、①トピックが「リスク・コミュニケーション」、②メディアはテレビや新聞、③調査方法は質問紙調査（アンケート調査）となる。こうしたメディアの実証研究の流儀に沿って、本書は構成されている。

　本書は、前半は理論編、後半はデータ編から構成されている。まず、第１章で社会学において一つの流派を形成しつつあるリスク社会、リスク社会学の問題を検討する。これは本書における「問題意識」となる部分である。そして第２章では本書での中心的テーマであるリスク・コミュニケーションとメディアの関係について、これまでの「先行研究」を中心に考察する。そして第３章では、本書で紹介する筆者が実施してきた社会調査の概要や、仮説、「調査方法」を紹介する。これらの社会調査から得られたデータを分析した結果、どのようなことが明らかになったか、後半からその分析結果を考察するデータ編となる。まず第４章では、現代人のリスク不安を中心としたリスク意識がどのように構造化されているかをデータから考察し、モデルを構築する。また第５章ではそうしたリスク意識が、テレビや新聞、広告などのメディア利用とどのような関係にあるのか、そのメディアの効果、影響について考察する。さらには第６章で、人々がどのようなリスクに対する知識、情報を求めているのか、リスク・リテラシーの問題をデータから考察を行う。

　このように、本書はメディアとリスクの関係を、リスク・コミュニケーションの観点から理論的、かつ実証的に考察するためのものである。こうした研究が、リスクに囲まれて生活する現代人にとって、少しでも救いとなり、社会政策として活かされることを望むものである。

1章 「リスク社会」の到来

1.1 ベックのリスク社会論

　かつては「外界（神、自然）」を原因として発生したリスクが人々を苦しめていた。それに対して、今日では歴史的に新しい性質をもったリスク、すなわち科学の構造と社会の構造にその原因をもつリスクが問題となっている。(Beck, 1986=1998, p.317)[1]

　かつて人類は、地震や火山噴火、台風のような自然災害や、人間の力ではどうしようもなかった病や老いに対して恐れ、不安を感じていた。そうした自分の外部にあるリスクをコントロールしようとして、科学技術は進化し、近代は発展してきた。近代初期において、科学技術の発展はこのリスク・コントロールに大きく寄与してきた。科学技術を用いて人類は災害や病気などのリスクに対して抵抗し続け、近代はより安全で便利な社会を構築しつつあった。しかしながら、近代の発展過程において、反対にその科学技術の構造がもたらすリスク、社会の構造がもたらすリスクが顕在化してきたのである。後期近代においては、近代自身が生み出した科学技術や社会制度が発生させる危機が、人類を脅かすという事態が発生した。Beck（1986）は、これを「再帰的近代」と呼んでいる。彼によれば、人類は新しいリスクの時代に直面している。

　原子力エネルギーという科学技術は、自然をコントロールした究極の技術の一つであるが、その科学システム自体がコントロールを誤れば世界を破滅させるエネルギーをも内包している。より科学的に管理された食物の供給のために

発生した技術である遺伝子組み換え食品や、クローン技術は、消費者に新たな不安を与えている。工業化した産業社会は人々の生活を豊かにした反面、二酸化炭素を発生させて地球の温暖化を招き、気候変動の危機が人類を襲おうとしている。また、老後の生活を経済的に安定させるために構築されたはずの年金制度という社会保障システムは、その運営のずさんさから破綻の可能性を露呈し、日本国民に大きな不安を与えている。これらの不安の原因であるリスクは、まさに Beck が述べたように、近代化の発展の結果、科学の構造がもたらすリスク、社会の構造がもたらすリスクである。このように、再帰的近代がもたらした新しいリスクに覆われた社会を、Beck（1986）は「リスク社会（risk society）」と呼んでいる[2]。このリスク社会という概念は当時の世界にインパクトを与え、学問的流行語にさえなった。彼の母国ドイツだけでなく、ヨーロッパ全体さらには世界全体を覆うムードを表現していたのである。その後、社会学の領域ではリスク社会学という分野が確立されることになる。

　さらに Beck（1986）は、「われわれは迫りくる困窮の下にあるのではない。われわれは迫りくる不安の下にあるのである」と述べている（Beck, 1986=1998, p.3）[3]。彼によれば、「迫りくる困窮」の原因は社会的な富の配分にあるが、これは産業社会と階級社会の論理である。その時代の社会科学は、産業社会や階級社会をテーマにすればよかった。しかしながら、現代社会における「迫りくる不安」は何に由来するのだろうか。それはリスクであると、Beck（1986）は指摘する。リスク社会において、人々はリスクに対する不安を抱えながら生きなければならない。それは後期近代をむかえた先進諸国が共通して抱える普遍的な問題となりつつある。

　気候変動による温暖化、酸性雨による森林破壊、ダイオキシンなどの環境問題は、国境を越えたグローバルなリスクである。経済のグローバル化によって食糧の輸出入は増加し、食物に含まれる有毒物質のリスクも国境を越えた。中国の毒入り餃子事件や、BSE 狂牛病問題は食品への安全性の問題を喚起した。また、鳥インフルエンザや豚インフルエンザなどの新型インフルエンザは国境や人種、民族を越えて世界的に流行した。核兵器、原発事故といった核の脅威

も、一度発生したら全世界を巻き込む人類共通のリスクである。チェルノブイリ原発事故やスリーマイル島原発事故がそうであった。現代の国際社会は北朝鮮やイラクなど核拡散のリスクに直面している。そしてさらに、9.11テロ事件の前後から国際化したテロリズムの脅威に対して、アメリカを中心に世界各国が国内のテロ対策を強化している。これらの具体的なリスクにまつわる諸問題は、日々のテレビや新聞などメディアにおけるニュースのかなりの割合を占めている。

　Beck（2002）はこのような世界的潮流に対して、「グローバル・リスク社会（global risk society）」という概念を提唱している[4]。このようにリスクがグローバル化した状況において問題となるのは、①環境問題などのエコロジー、②世界的な金融危機、③国際テロリズムの問題の3点であると彼は指摘する。これらに共通するのは、国家という単位を超えて人類が共通に直面しているリスクという現象である。このことは「リスクのグローバル化」を意味すると同時に、人類共通の普遍的な課題として「リスクの普遍化」を意味する。これまでの階級社会の問題への対策は民族国家単位でも対応できた。しかし、リスク社会はそのリスクが全世界に共有されることによってグローバル社会というカテゴリーでしかリスクに対処できない。グローバルなリスクが発生するとともに、そのリスクに対処するためにグローバル社会というユートピアがより強固なリアリティを形成するというのが、Beck（2002）の論理である。再帰的近代は、リスクという概念をキーワードにこうした世界状況を生み出した。

　後期近代におけるリスクは個人が直接的に知覚し、経験するものではなく、その認知や理解をメディアの情報に依存していることが多い。具体的にいえば、自然を破壊し、環境を破壊するものは個人の肉眼や感覚で認識することが難しい。毎日口にする食物がどれくらい自分の肉体に害悪を与えているかは、個人の感覚で自覚することが困難である。普段運転している車で自分が事故を引き起こすことをリアルにイメージすることは困難であるが、年間で万単位の人々が交通事故で亡くなる客観的数値を見て初めて、人々は車の運転に関わるリスクの高さに気がつくのである。このように、現代のリスクは食物に含まれる有

害物質の量、交通事故を起こす確率の数値、大気中の二酸化炭素の量によって初めてそのリスクを認識することができる。近代化された社会におけるリスクは、こうした科学的知識、情報に依存していると、Beck（1986）は指摘する。このように現代では、人々の肉眼や感覚で直接知覚できないという、「リスクの不可視化」が進んでいる。こうして現代のリスクは、そのようにリスクを可視化するメディアの情報や、研究による科学的根拠としての数値によってリアリティを形成するという、バーチャルな存在に変容している。直接見えないからこそ、人々はこれらのリスクに不安をもよおすのである。そしてこれらのリスクはメディア・コミュニケーションによって形成されるバーチャルな存在である。

さらに、再帰的近代がもたらした現代社会のリスクは、かつての階級社会における富の偏在状況のような不平等なリスクとは異なり、どのような人々にも共通に直面するリスクである。リスク社会における現代のリスクは巻き込む人々に対して平等に作用し、影響を受ける人々を平等化する。性別や年齢、人種や職業、社会階層に関係なく、どのような社会的属性を持つ人々に対しても、現代のリスクは公平に作用する。この状態を Beck（1986）は「リスクの平等化」と呼んでいる。現代のリスクは、日常生活の中で、環境世界の中でありとあらゆるものの中に潜んでいる。自然環境の中に、食物の中に、職場に、通勤時に、乗り物に、あらゆるものがリスクの対象となる。この「リスクの遍在化」も Beck（1986）が指摘したことである。この現代のユビキタス社会においては、リスクもまたユビキタスである。

また他方で、リスクは近代化の進展とともに個人化される。個人化とは近代化がもたらした帰結であり、近代は個人を政治的にも、経済的にも、教育や宗教、娯楽に関しても解放し、原子化した。近代以降、個人は階級から、地域社会から、家族から、職場から解放され、独立する存在となった。近代化によってさまざまな伝統的な規範から個人は解放され、社会の不安定性が拡大した後に、新しく近代的で中央集権的な制度や標準によって個人は再統合される。その中で個人は、ライフコースのあらゆる段階で選択が必要になり自己決定を必

要とする。こうした近代化論とリスクの関係のイメージは、Baumann（2000）における「リキッド・モダニティ」[5]や、Giddens（1990）の近代化論[6]の中にも共有されているテーマである。もはや自分の人生は、基本的に運命や天命といった動かしがたいものではない。現代社会において、自分のライフコースは自己決定の積み重ねなのである。さらにいえば、現代的な運命はその自己決定の背後に潜在化する。こうして、これらの個人における日々の選択や自己決定の中に、リスクは常に存在するものとなる。個人の生活の中で、個人的なリスクが顕在化するのである。結婚のリスクや離婚のリスク、就職や失業のリスク、海外旅行のリスクや車の購入のリスク、すべての自己決定にリスク計算が必要な社会となった。これがまさにBeck（1986）のいう「リスクの個人化」である。この論理が、リスク社会を支えている。かつて大量失業は労働者階級という集団によって経験されたが、同じ不況という原因が背景にあるにもかかわらず、現代の個人化された大量失業は、集団ではなく個人の経験となると、Beck（1986）は述べている。個人化したリスク社会では、失業は自分のライフコースの問題であり、連帯化した労働運動の問題にならないのである。

　リスクが増大化し続ける社会。科学技術が進化するにつれて、社会は便利になり自動化が進んだ。その結果、現代の科学技術が生み出した便利さや快適さの裏側にリスクも同時に発生する。この両者はコインの裏表の関係にある。自家用車の大衆化により、自動車事故のリスクは増大化し、その被害者も年間で万単位の規模となっている。航空機の進化により、人々は長距離の大量移動が可能になったが、その反面、航空機事故が発生した場合の被害は甚大である。また、医学の進化により疾病から助かる命も増えたが、その反面で薬害の被害も拡大した。その究極の技術に位置するのが原子力の問題である。原子力発電は現代の先進諸国においてはエネルギー供給のために不可欠な存在となっているが、そのコントロールには、科学的に高度な技術が必要であり、厳格な運用体制が必要となる。このコントロールに失敗したときには、人類は破滅的な被害を受けることになる。こうした技術によって得られる多大な利益と同等に多大なリスクを受け入れながら、現代人は生活している。こうした技術が社会的

に成立する背景には、現代社会において、人々がこれらの技術を「受容できるリスク（acceptable risk）」として認知していることがある[7]。また、こうしたリスクを上手くコントロールするためには、現代人にはこれらの科学技術に関する高度な知識や情報を身につけなければならなくなった。現代社会では、人々に高度なリスク情報やそれに対する知識が求められている。リスク情報や知識があって初めて、人々はリスクに対して正しい対応行動がとれるのである。現代の社会教育は、このようなリスクをコントロールするために必要なものに変容してしまう。

現代社会は、このように科学技術（光の部分）によって進化し続けているが、それと同時にリスクは「影の部分」として現代社会に闇を投げかけている。リスク問題が社会で注目されるようになるのは、このような科学技術の進化を伴う近代化の過程に大きく関連しているのである。近代化とは、こうして否応なしに進化する技術主義と、自己増殖的に拡大する資本主義、そしてそれらを欲求する民主主義が相互作用しながら進化するプロセスであるといえる。そしてその帰結がリスク社会の到来であった。

1.2 リスク概念の多様性とリスク研究

リスクをどのように理解し、またどのように計画し、その結果をどのようにウェートづけるかを示すことによって、彼らはリスクを許容するという行為を今日の西側社会を動かす基本的な触媒行為に変えていった。ギリシャ神話に出てくるプロメテウスが神に挑戦し、火を求めて暗闇に明りをもたらしたように、彼らは未来という存在を敵から機会へと変えていった。彼らの貢献によるリスク・マネジメント上の変革によって、人類は経済成長や生活の質的向上、あるいは技術革新を追求するよう動機づけられていった。（中略）リスクの本質についての諸々の発見や、選択の技法と科学は、今日世界的に統合されつつある市場経済の核心をなすものである。(Bernstein, 1996=1998, pp.13-14)[8]

Bernstein（1996）が歴史的に考察し、指摘するように、リスクの概念は古くからあったものである。彼によれば、リスクの現代的な概念のルーツは、ヒンズー——アラビア式の数字システムにあるという。そして、西欧でリスク研究が始まったのはルネッサンス期の頃であった。しかしながら、リスクに関連する文化はさらに古い時代から存在している。古代エジプトやギリシャでは、羊や山羊の骨から作ったサイコロを用いたギャンブルがすでに盛んであった。古代から人類は偶然や運、不運が支配するゲームに興じ、中世ではカードを用いた占いによってその背後に神や運命を読み取ろうとしていた。このように人類はリスクを知りながら、ギャンブル、ゲームや、商売や投機、戦争を行い、大航海時代や帝国主義時代を経て現代に至っている。彼によれば、このルネッサンス期以降、リスクという概念によって人々は古い因習から解放され、開放的なチャレンジ精神が芽生えたのである。この時代のリスク概念はチャレンジ精神とつながった積極的な価値を持つ、近代化の動力となったことがわかる。「リスク（risk）」という言葉は、イタリア語の「risicare」が語源で、本来は「勇気を持って試みる」という意味を持っていたという（Bernstein, 1996）。このように歴史的な観点から見れば、近代化の過程において、リスク概念も時とともに変容していることがわかる。そのリスクが考察される社会的分野は多く、それに関わるリスクについての研究にも長い歴史がある。

　こうして長い歴史を持つリスク研究は、現代において多様な領域、パースペクティブを統合した学際的研究に生まれ変わろうとしている。日本リスク研究学会（2000）による「リスク分析の考え方とその手法」は、次の13種類に及ぶリスク項目を分類している。①自然災害のリスク、②都市災害のリスク、③労働災害のリスク、④食品添加物と医薬品のリスク、⑤環境リスク、⑥バイオハザードや感染症リスク、⑦化学物質のリスク、⑧放射線のリスク、⑨廃棄物リスク、⑩高度技術リスク、⑪グローバル・リスク、⑫社会経済活動に伴うリスク、⑬投資リスクと保険（日本リスク研究学会，2000, p.3）の13項目である。これを見ると、すでに現代的リスク観は、先ほどのBernstein（1996）が示したような積極的リスク観ではなく、むしろBeck（1986）が示したようなリスク社会

における消極的リスク観に変容していることがわかる。また、私たちの社会生活がじつに多種多様なリスクと隣り合わせであるかを認識することができる。これらが現代のリスク社会を構成しているリスク群である。

　他方で現代科学においてリスク概念がどのように整理されているか、「リスク（risk）」という概念に関する理論的説明について考察したい。まず、リスクにはさまざまな類似概念が存在する。例えば、一般的に「危険（danger, peril）」とは、安全が損なわれそうな状態、もしくは原因のことを指し、その反意の概念である「安全（safety）」とは、危険でないこと、心理的に「安心（security）」していられる状態のことである。また、「危機」という概念には「ハザード（hazard）」と「クライシス（crisis）」の両方が含まれることが多い。危機という概念は多義的で曖昧である。このハザードとクライシスの研究上の概念の使い分けは非常に恣意的で、研究者や研究領域において曖昧である。National Research Council（1989）は、ハザードを「人やものに対して、害を与える可能性がある行為や現象」と定義づけていて、その被害の大小は問われないことが多い。クライシスも同じような意味で使用されることが多いが、ハザードとクライシスが概念的に異なるのは、ハザードが個人などを対象とした小規模な危機を含むのに対して、クライシスは被害がより大きな社会的現象であるという側面である。クライシスは、社会システム全体に物理的影響を与える大規模な破壊や脅威を意味することが多い。

　これに対し、一般的に「リスク」とはこのハザードやクライシスによる「被害の生起確率」と「被害の大きさ」の積として定義されることが多い（吉川, 1999）。ハザードやクライシスの被害がどれくらいの大きさで、どの程度起こる可能性があるかという期待値を表すのがリスクなのである。これは、将来的な可能性や予測が含まれる概念である。これは比較的多くのリスク研究で共有されているイメージである。では、多様な研究領域で用いられるリスク概念にはどのような分類やパターンがあるのだろうか。

　アメリカの保険研究の文脈におけるリスク研究において、Mowbray et al.（1969）は、リスクを「純粋リスク（pure risk）」と「投機的リスク（speculative risk)」の二つに分類している。純粋リスクは現実化したときに損害だけが発生するリスクで、地震や台風などの自然災害や、原発事故、交通事故などの人為的、物理的事故から、窃盗、強盗や殺人事件などの犯罪まで幅広いリスクが含まれる。それに対し、投機的リスクとは現実化した場合、損害か利益のどちらかが発生するリスクで、株式投資や先物取引などの金融リスクや、商行為の取引に関わる幅広いビジネス・リスクがこれに含まれる。この投機的リスクは、利益を求める行動によって発生しうる損害の可能性を指すものである。このリスク概念の区別は、保険業務においては重要なものであった。

経済学における古典的なリスク研究として知られる Willet（1901）は、リスクを「静態的リスク（static risk）」と「動態的リスク（dynamic risk）」に分類している。静態的リスクとは、先の純粋リスクに対応しており、自然災害や社会生活を営む人間の根本的な特性に起因するリスクのことを指し、動態的リスクとは、社会における科学技術の進化や組織メカニズムの進化と、それによりメタレベルで起こりうる人間の欲求の変化に起因するリスクのことを示している。この動態的リスクとは、Beck（1986）のいう再帰的近代化がもたらすリスク社会における、現代の新しいリスクによく似た概念である。つまり、こうしたリスク社会の到来に関する問題意識はすでにその頃その萌芽があったということである。

Kulp & Hall（1958）は、「基礎リスク（fundamental risk）」と「特殊リスク（particular risk）」の2種類にリスクを分類している（南方，1993）。基礎リスクとは、発生の原因と結果が個人では防止、回避できないような社会的で集団的なリスクを指し、戦争や地震、大規模事故、インフレ、失業などが含まれる。またそれに対し、特殊リスクとは、発生の原因と結果が個人的なものであり、個人の対応次第である程度リスクをコントロールすることができるものを指す。この特殊リスクには窃盗、火災、自動車事故、疾病などが含まれる。さらには、この Kulp & Hall（1958）の分類に似たリスク概念として、能動的リスク（voluntary risk）と受動的リスク（involuntary risk）という区別もある（岡本，1992）。能動的リスクとは、喫煙や自動車の運転など能動的に自分が選択し、ある程度

主体的にリスク・コントロールが可能なリスクのことである。反対に受動的リスクとは自分が個人的に選択することが困難なリスクを指す。例えば、地震や台風などの自然災害や、温暖化や森林破壊などの環境問題などは、多くの人が環境的に巻き込まれる受動的なリスクである。これらは、人々が社会全体の活動の結果として、または社会全体で受動的に受け入れざるをえないリスクである。このように、リスクを分類するにはさまざまな軸が存在することがわかる。しかしながら、Willet（1901）や Mowbray et al.（1969）、Kulp & Hall（1958）の研究のように、20世紀後半までの社会科学におけるリスク研究は圧倒的に保険や投資に関する経済学的なリスク研究によって当初はリードされていたといえる[9]。

その後、現代の社会学の中でもリスクの問題が注目され、リスク社会学という分野が定着しつつある。社会システム論で著名な社会学者である Lumann（1991）は、その著書『リスク社会学（"Soziologie des Risikos"）』の中で、リスクを自分以外の人間やシステムによって引き起こされる可能性のある損害と表現し、「コンティンジェンシー・リスク」（コントロール可能なシステム内的リスク）と「アクシデント」（コントロールできない外的リスク）を区別している。これは彼の社会システム理論に準拠した概念である。また、このリスク社会学における中心的存在である Beck（1986）は、先にも述べたとおり、リスクを人間社会の内部から近代化の帰結として発生するもの（再帰的近代化）とし、近代における産業社会において潜在化していたリスクが、近代化の進展によってリスクが顕在化することによりリスク社会が到来し、リスクの普遍化、個人化、不可視化が発生しているとしている。また、彼はリスクを「計算可能なリスク」と「計算不能なリスク」、「決定にかかわるリスク」「決定不能なリスク」等に分類している。こうしてリスクは、現代社会を分析する社会学における重要なキーワードとなった。

このようなリスクについて、現代ではさまざまな分野でリスク研究が発達してきた。投資や保険に関する経済学、経営学の分野でもリスク研究は重要な課題である。また、治療や投薬のリスクについては、医学や薬学においても長年

にわたって考察されている。リスクに関する心理学も、後ほど考察するリスク認知（risk perception）などの分野で研究が盛んである。自然災害や事故の対策のための研究においてもリスクの問題はヒューマン・エラーの研究などとも結びついて、不可欠な課題である。このように、Beck が興したリスク社会学のように、社会学以外の分野で文系、理系を問わず非常に多様なリスク研究が行われている。

このようにリスク研究は世界各国で、また多様な学問分野で多角的な研究が進んできたが、それらのさまざまなリスク研究が、従来の学問分野を超えて集約されつつある。その結果、アメリカには米国リスク学会が存在し、日本にも日本リスク研究学会が誕生した[10]。これらのリスク研究の学会は、さまざまな分野で行われているリスク研究を学際的に結びつけ、相互作用することによりさらなるリスク研究の発展をめざすものである。

そのリスクを決定する諸変数を定式化しようとするアプローチも存在する。米国リスク学会をはじめとするリスク研究の分野では、一般的にリスク（R）を決定する要因が整理され、リスク三重項として説明される。リスクは、どのようなリスクが発生しうるかというシナリオ（Si）と、それがどの程度起こりうるかという生起確率（Pi）と、それによる被害の規模（Di）の積として表現されている。現在では、このようにリスクとはその生起確率と被害規模から計算されるという考え方が一般的となっている。

```
R  =  (Si, Pi, Di)
Si： 何が発生しうるかというシナリオ
Pi： それがどの程度起こりうるかという可能性
Di： それが発生したときの被害の大きさ
```

また、こうした学会を中心としたリスク研究の集積により、リスクに関わる周辺概念も数多く誕生している。日本リスク研究学会（2000）は、リスク分析

の段階論を提唱して、リスクには次のようなプロセスがあると説明している。

①リスク・ソース	さまざまなリスクの原因から
②リスク・パーセプション	リスクを知覚し、
③リスク・コミュニケーション	プロセス全体を視野に入れて、
④リスク・アセスメント	リスクを構造的に把握、評価し、
⑤リスク・マネジメント	リスクを軽減、未然防止、回避、保証する。

　リスクという概念に関わる諸概念は、リスクの原因となる「リスク源（risk source）」から始まり、そのリスクが何らかの形で人々や社会によって認知される「リスク認知（risk perception）」が続き、その認知されたリスクが人々の心理的過程や社会におけるコミュニケーション・プロセスにおいて、「リスク・コミュニケーション（risk communication）」され、有益なリスク・コミュニケーションがなされた結果として、リスクが評価され（risk assessment）、最適なリスクの対処、予防が行われる「リスク管理（risk management）」につながる。これが全体的なリスクのプロセスである。このとき、損害の発生、顕在化した危機への対処、方策という意味合いが強い「危機管理（crisis management）」という概念とは異なり、リスク・マネジメントとは、リスクの顕在化、リスク事態の発生を防ぐ予防策から、事後的な対策まで含めた全体的なプロセスとして考えられる。現在では、このクライシス・マネジメントだけではなく、リスク・マネジメントの概念も含めて日本語の危機管理と訳されることが多くなった。
　現在、リスクはこのようなプロセス全体を把握しながら、考察することの必要性が認識されるようになった。とくに近年、世界的に注目されているのが、その中でもリスク・コミュニケーションに関する研究である。

2章 リスク・コミュニケーション研究

2.1 リスク・コミュニケーションとクライシス・コミュニケーション

　社会に存在するさまざまなリスクを人々が知ることができる手段にはどのようなものがあるだろうか。食品を購入する際、それが安全な食品かどうかを見定めるために、消費者はその食品の産地や企業名、消費期限などを確かめることが多いだろう。新型インフルエンザが流行したならば、罹患するリスクを避けるためにどういう対応をとればよいか、人々はテレビや新聞のニュースを見て、またはインターネットで厚生労働省のホームページを見て、学ぼうとするだろう。また、原子力発電所やその関連施設を町が誘致した際、その住民は、その原発や関連施設の安全性やリスクについて知るために、電力会社や自治体が主催する説明会で議論を重ねる。こうして、社会に存在するリスクについて考えるとき、そのリスクに関わる人々がとろうとするコミュニケーションの全体が、「リスク・コミュニケーション（risk communication）」と呼ばれる。

　National Research Council（1989）は、リスク・コミュニケーションを社会のさまざまなリスクに関するメッセージ（risk message）について、個人、機関、集団間で相互作用する過程であるとしている。リスクに関するメッセージが、政府や自治体、企業や研究機関から発せられたとき、それを受け手である一般の人々に伝える役割を果たすのが、テレビや新聞、雑誌、本、インターネットなどのメディアである。そして受け手はそのリスク・メッセージに関してさまざまな解釈を行い、それぞれが社会集団の中でコミュニケーションを行うことで、リスクに関する世論が形成される。またその受け手が送り手である政府や

自治体、企業や研究機関などにその反応をフィードバックすることもある。こうしたリスク・メッセージの相互作用の総合的な過程がリスク・コミュニケーションである[11]。

それに対し、クライシス・コミュニケーション（crisis communication）とは、まさに危機が発生した段階における組織や個人間で行われるコミュニケーション・プロセスに限定されることが多い。それには、人々に情報伝達される警報や避難勧告なども含まれる (Covello et al., 1988)。クライシス・コミュニケーションは主に災害発生時に限定された図表１のようなプロセスを経る（福田, 2008b）。こうした自然災害や大規模事故、または戦争やテロリズムなどにおける警報の問題は、これまでも多くの研究の成果が蓄積されている。例えば、日本の災害警報に関する研究には廣井脩を中心にした多くの日本研究者による災害情報研究の蓄積があり[12]、また、鈴木ら（1996）によるラジオやテレビを用いた災害警報実験などの研究も成果を上げている。さらに、テロリズムに対する警報に関しては、福田（2010）がアメリカでのテロ警報の制度を紹介し、その問題点を考察している。国土安全保障省（DHS）が整備するテロ警報システム（HSAS）をはじめとして、生物兵器テロを監視するバイオウォッチ・プログラムや、連邦通信委員会（FCC）の運営する緊急警報システム（EAS）などである。2001年に発生した9.11テロ事件での経験や、2005年のハリケーン・カトリーナにおける警報の失敗を反省点として、危機に対する警報システムがアメリカで整備されている[13]。

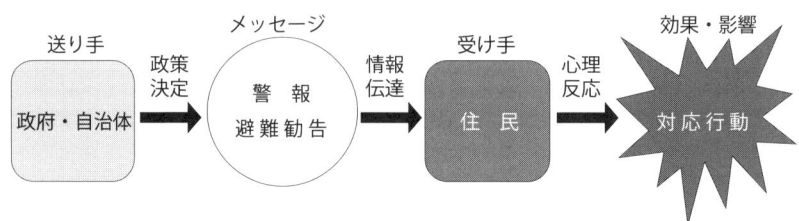

図表１　災害時のクライシス・コミュニケーションのモデル図（福田, 2008b）

こうした災害時のクライシス・コミュニケーションに限定しても、多くの問題、研究課題が存在する（Quarantelli, 1980）。例えば、アメリカのデンバー洪水において避難の問題を調査した Drabek（1969）は、被災者のインタビューから被災者がどのような情報を求めていたかを3点に整理している。①どこで発生し、どこが危険なのかという具体的かつ特定的な情報、②いつ起きるのかという緊急性、切迫性の情報、③どのような被害がもたらされるかという結果予測の情報の3点である。確かに、アメリカでの災害研究でも、日本での災害研究でも、災害時に住民がなかなか避難しない状況が明らかになっており、これは被災者の心理に発生する「正常化の偏見（normalcy bias）」という概念で説明される（Turner, 1976）。これは災害が実際に発生しても、「そんなにひどい被害は発生しないだろう」とか、「自分だけは大丈夫だろう」と住民が思い込もうとする自己防衛的心理のことである。つまり、危機事態が自己に迫っていても、普段の判断枠組みの中で解釈しようとし、危険が迫っている客観的事実を認めようとしない心理的態度のことである。福田ら（2000）による那須集中豪雨水害調査や、廣井ら（2005）の新潟・福島豪雨水害調査、同じく廣井ら（2005）による豊岡豪雨水害調査など数多くの調査において、被災者の正常化の偏見が検証されている。この正常化の偏見以外にも、経験の逆機能や、未経験・無知といった理由から、被災者は警報や避難勧告が出た場合でも、行動をとらないという事態が発生する。これらは、台風や豪雨水害、土砂崩れや土石流災害、地震や津波など幅広い自然災害で見られる現象である。こうした警報と避難行動の問題という側面におけるクライシス・コミュニケーション研究の観点から、Mileti & Sorensen（1987）は、警報メッセージが明確で正確であること、人々がとるべき具体的対応行動が示されていること、メッセージが繰り返し発信されること、複数のチャンネルでメッセージを伝えることなどからなる、効果的警報の原則を示している。このクライシス・コミュニケーションはリスク・コミュニケーションの一部をなすものであるといえる。そしてこの両者は平常時と非常時において密接につながり合っている。

しかしながら、リスク・コミュニケーションという行為はこのように危機が

発生した段階だけに限定されない。危機が発生する可能性のある段階、危機の発生が予測される事前段階をも含み、それらの危機を回避するために行われるコミュニケーションや、その危機の最中や事後に行われるコミュニケーションすべてを含むのが、リスク・コミュニケーションである。つまり、リスク・コミュニケーションとは、このクライシス・コミュニケーションも含んだより広い総合的概念である。

そして、そのリスク・コミュニケーションの目的とは、実際に発生しうるクライシスやハザードに対して、人々の知識や対応策を向上させながら、社会不安や混乱を発生させることなく合理的で健全な危機への対策を進め、実際にその危機が発生したときにも、人々一人ひとりが十分な対応をとることで被害発生を回避したり、被害規模を低減させたりすることである。そのために、テレビや新聞、雑誌、インターネットなどのメディアを通じて何ができるか、それを考察する必要がある。

広瀬（2000）は、リスク・コミュニケーションのプロセスを三つに分類している。まず、リスク・コミュニケーションとは、(1)リスク事態、(2)行政などのリスク管理対応機構、(3)メディア・マスコミ、(4)集団・個人の四つの要素から構成され、リスク発生時におけるリスク・コミュニケーションと、それ以外の平時からのリスク・コミュニケーションを同時に含むものと考えることができる。図表2に示すように、そのリスク・コミュニケーションのプロセスの中で、リスク事態が直接、個人やマスコミ、行政などにもたらす情報のことを、広瀬は第1次リスク・コミュニケーション（図中の①）と表現している。この第1次リスク・コミュニケーションの中で、リスク事態から直接情報を摂取することができる個人や集団はそのリスクに直面した被害者であり、それ以外の個人・集団は、次の次元である第2次リスク・コミュニケーションによってリスク情報を得ることができる。リスク事態に関する情報を報道するマスコミ、またリスク事態に関する情報を発表する行政などから、個人・集団が間接的にリスク情報を得るプロセスを、第2次リスク・コミュニケーションと呼ぶ。そしてそのリスク情報についてそれを流したマスコミや行政に対してフィードバックす

るプロセスのことを第3次リスク・コミュニケーションという。このように、リスク・コミュニケーションには段階があり、それぞれの段階を総称してリスク・コミュニケーションと呼ぶことができる。そして、これは非常時と平常時を区別しない概念である。

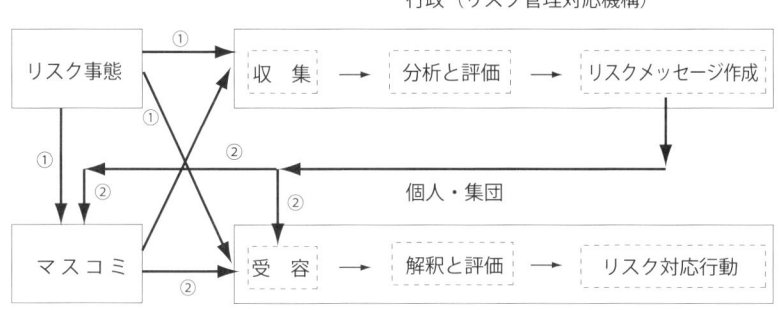

図表2　リスク・コミュニケーション・プロセスのモデル
(広瀬，2000のモデル図を簡素化して作成)

　本書では、この(1)リスク事態、(2)リスク管理対応機構、(3)メディア・マスコミ、(4)集団・個人の四つの構成要素の間で行われる、非常時と平常時の両方で行われる情報のやりとりのことをリスク・コミュニケーションと呼び、第1次から第3次のプロセスを含めた総合的過程をリスク・コミュニケーションとして位置づけたい。そして、普段からリスクについて、またはリスク・マネジメントについて人々を社会教育し、特定のリスクごとにそのリスクを回避したり、被害を低減するための行動を教育することにより、社会安全が実現されることが、リスク・コミュニケーションの最終的な目標である。これは、社会的でプラグマティックな視点で、リスクの現象を捉えたときのリスク・コミュニケーションに関する1番目の軸である。
　こうした、社会的に見たリスク・コミュニケーションのプロセスと同時に、もう一つの異なる視点のリスク・コミュニケーションの軸が存在する。2番目

の軸から見たリスク・コミュニケーションとは、先に考察した①リスク源（リスク・ソース）、②リスク認知（リスク・パーセプション）、③リスク評価（リスク・アセスメント）、④リスク管理（リスク・マネジメント）という一連のリスクをコントロールするプロセス全体を指している（日本リスク研究学会, 2000）。これは研究的なアプローチから見た高度に抽象的な概念である。この軸は、経済学から社会学、医学まで幅広い分野で適用される抽象度の高いアプローチである。医療の現場から、証券市場での投資、災害対策、テロ対策に至るまでこのアプローチが共有可能なモデルである。これもリスクを考察する上で非常に重要になる、一つの総括的でマクロなリスク・コミュニケーションのイメージである。

　そして、リスク・コミュニケーションを考える上で、もう一つ重要な3番目の軸が、個人がリスクに対処する際に、心理的なプロセスとして発生する情報処理過程としてのリスク・コミュニケーションである。これは、リスクに遭遇した際の個人における心理過程を解明するためのものであるため、主に認知心理学や社会心理学において用いられてきたミクロなアプローチである。

　Beck（1986）が、リスク社会におけるリスクの個人化を指摘したように、現代社会においては、個人がリスクを認知し、そのリスク・コントロールすることが求められる時代である。個人の意識の中で、リスクはどのような心理的プロセスで処理されるのだろうか。Beck（1986）は、こうしたリスクに対する現代人の意識を「リスク意識」と表現している（Beck, 1986, p.113）。

　認知心理学や社会心理学的視点に立てば、リスク・コミュニケーションは①リスク・メッセージへの接触、②リスク認知、③リスク解釈、④リスク不安、⑤リスク態度形成、⑥リスク対応行動という、単線的なプロセスとして想定することが可能である。リスクに関するメッセージへの接触から、リスクへの対応行動がなされるまでの間に、どのような心理的プロセスが存在するか、これまで緊急時の情報処理プロセスの研究においても研究が進められてきた（池田, 1986）。しかしながら、これらの緊急時における情報処理プロセスの研究は、現代のリスク社会における全体的なリスクに対する認知や不安に対する従来の社

会心理学的アプローチとの接合性に問題がある。本書では、こうした緊急時の情報処理アプローチによって取り残されてきた、リスクという多様な現象とそれに対するリスク認知とリスク不安の関係に重点を置きたい。個人のリスク認知やリスク不安のあり方に焦点を当てるミクロで心理学的なアプローチは、この3番目のリスク・コミュニケーションに属するものである。

　他にも例えば、リスク・コミュニケーションには大きく分けて二つのレベルが存在する。一つは公的論点（public debate）の側面と、もう一つは私的選択（personal choice）の側面である。公的論点とは、社会的な争点となるような社会全体で共有されるマクロなリスクに関するもので、例えば原子力発電所問題や環境問題、年金問題などの政策的論点である。それに対し、私的選択とは個人の判断に委ねられることが多いミクロなリスクに関するもので、家の防犯や喫煙のリスクなど、個人の自由に対応が任されているリスクである。この両者の区別は明確なものではないため、グレイゾーンの部分に該当するリスクも多く、また反対に同じリスクにもこうした公的側面と私的側面の両者が並存しているという側面もある。またそれに関連した問題として、リスク・コミュニケーションには規則や制度によって規制されるべき法的側面もあれば、道徳やマナーによって守られるべき道徳的側面の両面が含まれる。

2.2　リスク認知研究からリスク・コミュニケーションへ

　3番目のリスク・コミュニケーション研究の軸について考えるとき、これまで最も盛んであったリスクに対する心理学的研究は、リスク認知（risk perception）に関するものであった。これまで述べてきたとおり、現代人には正しいリスクに対する知識が必要である。しかしながら、一般人のリスクに対する認知、リスク認知は必ずしも専門的な科学的知識に基づかないものも多く、専門家の意見とも食い違うことが多いことも確かである。こうした状況は、リスク認知の研究においても明らかにされてきた。

　例えば、Slovic ら（1979）は、原子力発電や自動車事故、喫煙などに関する

30項目からなる多様なリスクを挙げ、それを回答者に1位から30位まで順位を付けさせる調査を実施した（Slovic, 2000）。これはアメリカにおける調査である。一般人の調査結果と、リスクに関する科学的な専門家の調査結果を比較すると、その傾向が大きく異なることが明らかになった（図表3参照）。一般人にとって最も大きなリスクは原子力発電であったが、それに対し専門家の評価は20位と低く、それに対して専門家が最も大きなリスクと考えていたのは自動車の運転であった。このように専門家はリスクの生起確率と被害の大きさからリスク認知を形成し、とくに生起確率を重視しているのに対して、一般人は生起確率よりも被害の大きさからリスク認知を形成する傾向がある。その他にも、X線は専門家だけが比較的リスクが高いものと順位づけているのに対して、それ以外の人々はさほどX線にリスクを感じてはいないなど、リスクに関する事象への意識は専門家とそれ以外の回答者との間にギャップが生じていたことがこの図表から読み取れる。

またSlovic（1987）は、81項目からなるリスクに対して、18項目の形容詞の対からなるSD（semantic differential）法尺度を用いて、そのリスクへのイメージを評価させるという調査を実施した[14]。その結果を因子分析したところ、①恐怖、②未知、③被害規模という三つの因子が抽出された。つまり、人々はリスクに対して恐怖を感じること、未知であること、その被害の大きさによって、リスクを認知する傾向があることが示唆されたのである。このように、リスク認知研究においては、数多くのリスクを被験者に提示し、それらに対する危機感を感じる順位をつけさせ、その平均値を比較したり、形容詞対を用いたSD法によって因子構成を解明する研究が一般的であった。

80年代以降、社会心理学の分野でこのリスク認知の研究が一時流行した。こうして、Slovicらを中心として、人々のリスク認知の構造が国際的に比較される研究が数々発表された。例えば、Englander et al.（1986）はSlovicとの共同研究において、アメリカ人のリスク認知とハンガリー人のリスク認知を調査結果から比較分析を行っている。その結果、ハンガリー人とアメリカ人のリスク認知には「恐怖」と「未知」の因子構造には共通性が見られたが、リスク認知の

図表3　リスクを感じた活動や科学技術（Slovicら，1979，p.19をもとに作成）

項目	婦人有権者団体	大学生	クラブ会員	専門家
原子力	1	1	8	20
自動車	2	5	3	1
拳銃	3	2	1	4
喫煙	4	3	4	2
オートバイ	5	6	2	6
アルコール性飲料	6	7	5	3
飛行機（自家用）	7	15	11	12
警察業務	8	8	7	17
殺虫剤	9	4	15	8
外科手術	10	11	9	5
消火作業	11	10	6	18
大規模な建設工事	12	14	13	13
狩猟	13	18	10	23
スプレー缶	14	13	23	26
登山	15	22	12	29
自転車	16	24	14	15
飛行機（商用航空）	17	16	18	16
発電（原子力以外）	18	19	19	9
水泳	19	30	17	10
避妊薬	20	9	22	11
スキー	21	25	16	30
X線	22	17	24	7
高校・大学アメフト	23	26	21	27
鉄道	24	23	20	19
食品防腐剤	25	12	28	14
食品着色料	26	20	30	21
電動芝刈り機	27	28	25	28
抗生物質	28	21	26	24
家電製品	29	27	27	22
予防接種	30	29	29	25

順位には大きな差があることが明らかになった。例えば、アメリカ人は核兵器や戦争、DDT、拳銃、原子力発電などのリスク順位が高く、戦争やそれにまつわる兵器や原発などカタストロフィーにつながるリスクの順位が高い傾向があった。それに対して、ハンガリー人では喫煙、アルコール飲料、犯罪、自動車といった日常生活に関わるリスクの順位が高いことが明らかになった。

また、Teingen et al. (1988) は、アメリカ人とノルウェー人のリスク認知の比較調査を行っている。その結果、アメリカ人は除草剤や化学肥料、害虫駆除剤などの化学剤や、拳銃や軍備に対するリスク認知の順位が高く、ノルウェー人はマリファナやヘロインといった麻薬に対するリスク認知が高いという結果が得られた。このように、アメリカ人とハンガリー人、ノルウェー人では、1980年代後半という同じ時代においてもリスク認知の構造が全く異なることが明らかになったが、文化や社会状況によって、そのリスク認知のあり方は異なることがわかる。こうしたリスク認知の多様性はどのようにして発生するのだろうか。Beck であれば、これを近代化過程の違いに根拠を求めるかも知れない。例えば、科学技術の進化が発展した再帰的近代化過程にあるアメリカでは、すでに日常生活から離れたカタストロフィー的リスクに意識が向かう傾向が見られるが、反対に当時まだ再帰的近代化の過程に入っていなかったとも仮定できるノルウェーやハンガリーにおいては、身近な生活環境の中で直接経験しうるリスクに意識が向かっているという説明も可能である。

なぜリスクの評価と認知との間にこのようなギャップが生じるのだろうか。従来のマス・コミュニケーション論的アプローチは、こうしたギャップを生じさせる「リスク認知のバイアス」の原因の一つとして、メディア報道の影響を見てきた。また同時に、このリスク認知の結果、個人の心理的プロセスの中で結果として発生するのが、リスク不安である。

2.3 リスク不安が拡大するリスク社会

Beck (1986) はリスク社会において、「われわれは迫りくる不安の下にあるのである」と述べている (Beck, 1986=1998, p.3)。人々がリスクを認知した後に発生する心理状態の一つに、リスクに対する「不安」がある。このリスクに対する不安こそが、リスク社会を構成する重要な要素である。

日本の状況を見ると、2007年7月の参議院選挙では当時の自民党政権が敗北し、9月に入って安倍晋三首相の退陣により、福田康夫政権が誕生した。その

選挙における敗北の一因となったのは年金問題であったが、これは年金制度への国民の不安と、社会保険庁、政治資金問題への不信感が投票行動につながった結果であった。社会制度、社会政策への不安は、政権をも揺るがすのである。年金問題以外にも国民は多くの不安を抱えている。BSE 問題や食品偽装問題などに端を発した「食の安全」神話の崩壊による、食品への不安も増大している。同年 7 月に発生した新潟県中越沖地震など頻発する大地震などの自然災害への不安、そしてその中越沖地震において発生した原子力発電所火災とその対応のまずさが、原子力への不安感を増大させた（福田，2008a）。このように、国民の不安感は自身の安全・安心を揺るがす事態に対するリアクションとして発生し、そのリアクションは時の政権を覆すくらいの力を持つことがある。現代において、国民の不安感をコントロールするリスク・コミュニケーションのアプローチが重要性を増しているといえる。さらにその 1 年後に福田政権は崩壊し、麻生太郎首相による自公連立政権が誕生したが、その政権も 2009 年 8 月の衆議院選挙における民主党の歴史的大勝利によって、鳩山由紀夫首相による民主党を中心とした連立政権が誕生するに至った。日本において、年金や税金などの社会制度や、不況に対する経済政策、食品の安全や北朝鮮問題など、国民の中で高まったリスク不安が、政権交代をもたらす一因となったと考えることもできる。

　Beck（1986）は、これまで不安が社会的に合理的な行動基盤となったことはない、と指摘する。彼は、リスクへの不安は政治的運動の理由としては不安定であることを指摘した。リスク社会の階級社会との比較の言説において、Beck（1986）は次のように述べている。階級社会を突き動かした理念は、「平等」という理想に対する積極的な価値体系であったが、リスク社会を構成する規範的対立概念は「安全」である、と。平等というユートピアには社会を変革するための積極的目標が多いが、安全というユートピアは消極的で防御的である。この「安全・安心」がまさに現代のリスク社会のキーワードである。これまでの階級社会において貧困がもたらした連帯は、リスク社会においては「不安」がもたらす連帯へと変容すると、彼は指摘する。リスクへの「不安」がリスク社

会を突き動かす運動エネルギーである。Beck（1986）によれば、このようなリスク社会においては、「不安からの連帯」が政治的な力となるという。リスクに対する不安は、政治状況を変革させる力を持つに至ったのである。

まさに、2001年9月11日に発生したアメリカ同時多発テロ事件の発生後のアメリカ社会がそうであった。テロリズムへの不安が増大し、テロリズムと徹底的に戦うことを表明した当時のジョージ・ブッシュ大統領への支持率が8割を超える事態が発生した。当時のアメリカにおけるテレビや新聞などのメディアも、ブッシュ政権の「テロとの戦い」「対テロ戦争（war on terror）」を積極的に支持する報道を行ったことは、福田（2006a）も示すとおりである。こうしてブッシュ政権は、2001年にアフガニスタン戦争を、2003年にイラク戦争を実行したが、その後の復興や駐留、軍事作戦は未だに終結せず、現在のバラク・オバマ大統領の政権においても続いている状態である。こうして、アメリカ国民をテロとの戦いに突き動かしたのは、テロリズムによる「不安からの連帯」である。フランス革命の頃確立された「テロ（terror）」の概念は、まさに恐怖によって不安を増大化させる政治的コミュニケーションの過程であった（福田, 2009a）。その不安を拡大させる役割を、メディア、マスコミが果たすこともある。こうして、アメリカでは安全・安心の確保のため、徹底したテロ対策が実施されている。国土安全保障省（DHS）の監視の下、アメリカ国民はさまざまな手法で管理され、世界中を監視する中央情報局（CIA）はそのインテリジェンス能力を強化し、連邦捜査局（FBI）はテロリズムの捜査の権限を強化している（福田, 2010）。イギリスやドイツをはじめとするヨーロッパ諸国も、そして日本もこうしたテロ対策強化のプロセスの中にいる。その流れを作り出す原動力となるのが、テロに対する「不安からの連帯」である[15]。Beck（2002）は、世界が共有しているグローバル・リスクを三つ挙げているが、その中の一つがこの国際テロリズムの問題である。

日本にもこのような状況が発生する端緒となった事件がある。1995年のオウム真理教による地下鉄サリン事件である。この地下鉄サリン事件は、連日メディアによって報道される一大メディア・イベントとなった。オウム真理教に関す

る関心、テロリズムに対する関心が高まり、それらを扱うテレビ番組の視聴率は上がり、新聞や雑誌の売り上げは伸びた（福田, 2009a）。橋元ら（1995）は、このオウム真理教と地下鉄サリン事件に関するメディア報道のあり方について調査し、オーディエンスがどのようにそれを受け取ったか、またそのときの社会の世論がどうであったか、社会調査によって実証している。図表4のように、地下鉄サリン事件の後、この調査において「地下鉄に乗るのは不安だ」という回答は32.5％に上り、「夜一人で歩くのには不安を感じる」という回答も23％あった。こうして、地下鉄サリン事件というテロリズムは、当時の日本社会に不安を蔓延させた。その結果、発生した社会的反応は、「宗教法人への法的規制はもっと厳しくすべきだ」（84.6％）、「信教の自由を制限することもある程度は必要だ」（63.6％）、「容疑者をもっと簡単に逮捕・拘留できるようにすべきだ」（49.1％）という世論である。また、「警察の捜査活動は行き過ぎだ」という意見

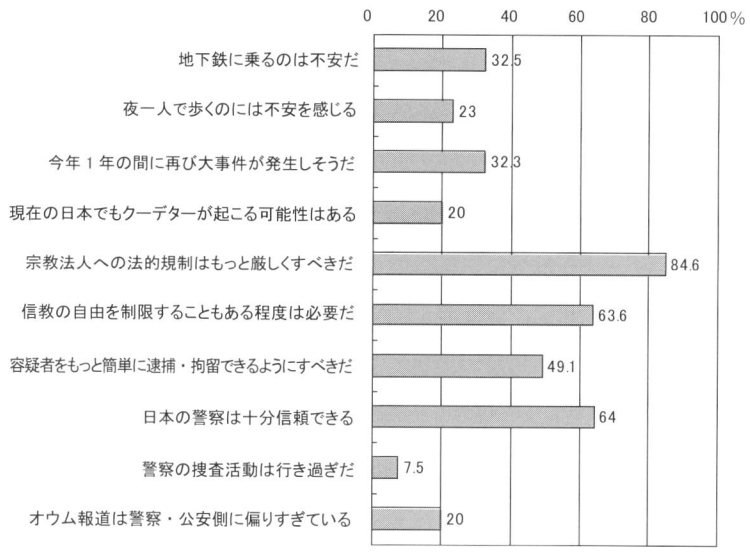

図表4　オウム真理教による地下鉄サリン事件後の世論 (橋元ら, 1995)

は 7.5％に過ぎず、反対に「日本の警察は十分信頼できる」(64％) という世論が明らかとなった。これらは、テロ事件とメディア、マスコミが作り上げた世論である。

　このように 90 年代以降、地下鉄サリン事件以外にも、阪神淡路大震災、ペルー日本大使館人質事件、JCO 臨界事故、日本海不審船事件、北朝鮮による誘拐拉致事件の発覚など日本の危機管理が問われる事件、事故が多発した。これらの事件発生とそれに対する政府、政権の対応の不手際がマスコミで批判されることにより、国民のリスクへの不安感が高まり、その結果として国民の中に社会安全、危機管理に対する意識が高まるというパターンが発生した (福田, 2006a)。その後、いわゆるリスク・ブーム、「危機管理」ブームが発生し、日本において「安全・安心」が社会的なキーワードとなったのである。2001 年の同時多発テロ事件以後、21 世紀に入ってその傾向は世界的に強化された。

　こうした「不安」に関する研究は、それまで決して主要な領域としては扱われてこなかった。心理学や精神分析の一分野において、不安は研究対象となっていたが、リスクとの関連性はそれまであまり考察されなかった。他方で、防犯などを研究する警察関連の研究機関等においては、以前からこの不安の研究は行われてきた。例えば星野 (1992) は、科学警察研究所で実施された社会不安に関する調査の結果を紹介しながら、社会不安について考察している。その調査によると、不安感の大きいリスクを順に挙げると、①経済的不安 (物価上昇、生活必需品の不足、社会福祉の後退、住宅難、不況等に対する不安)、②戦争に対する不安 (核戦争、戦争にまき込まれること等への不安)、③交通事故への不安 (交通事故の被害にあうこと、交通事故の加害者になること、公共輸送機関の事故等に対する不安)、④災害に対する不安 (大地震、避難場所の不十分さ、ビル・地下街での火災に対する不安)、⑤健康に関する不安 (医薬品の副作用、有害食品、緊急医療体制の不備、自然破壊、環境汚染等に対する不安)、⑥子どもと教育に関する不安 (受験戦争の悪影響、子どもの精神衛生、子どもが事故にあうこと等への不安)、⑦事故に対する不安 (爆発事故、原子力事故、雑踏事故等への不安)、⑧人々の間の連帯感喪失への不安、と続くが、犯罪に対する不安は 10 位以内にも入らなかっ

たことから、犯罪以外に人々に不安感を与えているリスク現象は多々あることを指摘している。この研究は、日本におけるリスク社会への移行を示唆する重要な事例である。

安全・安心がキーワードとなった現代のリスク社会において、リスクに対する研究はさまざまな分野で発展しつつある。メディアが実施する各種世論調査においても、リスクと不安に関する世論調査も登場するようになった。例えば、読売新聞社（2002）は、治安に関するアンケート調査の中で、不安感について分析している。図表5を見ると、不安感を感じているリスクのトップは交通事

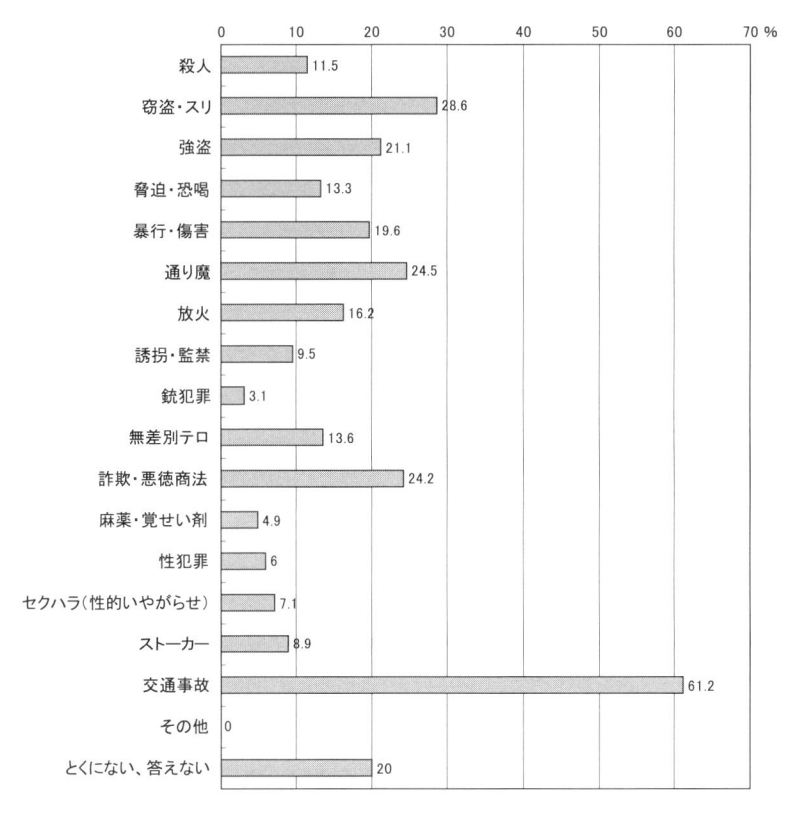

項目	%
殺人	11.5
窃盗・スリ	28.6
強盗	21.1
脅迫・恐喝	13.3
暴行・傷害	19.6
通り魔	24.5
放火	16.2
誘拐・監禁	9.5
銃犯罪	3.1
無差別テロ	13.6
詐欺・悪徳商法	24.2
麻薬・覚せい剤	4.9
性犯罪	6
セクハラ（性的いやがらせ）	7.1
ストーカー	8.9
交通事故	61.2
その他	0
とくにない、答えない	20

図表5　犯罪、事故に対する不安感 (読売新聞社, 2002)

故（61.2％）であり、窃盗やスリ（28.6％）、通り魔（24.5％）、詐欺・悪徳商法（24.2％）、などの犯罪が続いている。これは当時の刑法犯の認知件数が実際に多いものに対して不安が大きいという関連性も見られる。つまり、こうした身近に発生しうるリスクに関しては、生起確率の大きいリスクに対する不安感が大きいことがわかる。

　現在、こうしたリスクに対する不安感に関する研究は散見されるようになった。しかしながら、こうしたリスクに対する不安がどのようなメディア、マスコミと関連し、そしてどのようなリスク意識の中で構造化されているか、リスク・コミュニケーション的なアプローチから解明された研究は極めて少ないのが現状である。こうしたリスクに対する不安が、リスク社会を深化させ、さらには政治的状況を発生させている以上、リスクに対する不安感の解明が必要とされている。現在のリスク社会において、こうしたリスクに対する不安がどのようにリスク意識の中で構造化され、メディアやマスコミからどのような影響を受けているのか、それを解明する必要がある。本書にはこうした問題意識が根底にある。

2.4　リスク社会とメディアの問題

　現代のリスクは、個人が現実環境で直接経験することが少ないものが多く、メディア報道や社会教育で伝えられる疑似環境で経験するものが多い。例えば、戦争やテロ事件などのような人為的で社会的なリスクから、原子力発電所事故や旅客機墜落事故などの大規模事故、大地震や洪水などのような自然災害のように個人が直接経験する可能性は低い、つまり生起確率が低い「社会的リスク（social risk）」についての情報を知るのは、主にテレビや新聞などのメディア報道によることが多いのである。また、社会的には数多く発生している殺人事件や交通事故、窃盗犯罪などのような「個人的リスク（personal risk）」を見ても、ある特定の個人自身が直接経験する頻度は極めて低い。しかし、このような個人的リスクの発生については、毎日のようにテレビや新聞で接しており、メディ

アを通じてかなりの高い頻度で経験している。つまり、メディアを通じたリスク・コミュニケーションから、さまざまなリスク・メッセージを受け取り、コミュニケーションしていることになる。メディア報道は人々にリスクの情報を伝える重要な役割を果たしているといえる。

例えば、テレビ番組の中でも、NHK や民放各局で流されるニュース番組の他に、ワイドショーや情報番組の中で、事件や事故などリスク・メッセージが流される。時には警察や消防などの活躍の現場をドラマチックに描いた特別番組も夜のゴールデンタイムで放送されている。視聴者はこのようなテレビ番組を通じてさまざまなリスクを疑似体験する。また、新聞や週刊誌などの雑誌でも、さまざまなリスクが報道される。事件、事故に関する報道はこれまでも報道の中心的なコンテンツの一つであったが、そのようなリスクに対する危機管理（risk management）を意識した記事が、活字メディアでも増加している傾向が見られる。例えば 90 年代中盤以降、先に示したような危機事案の連続発生によって、日本社会では「危機管理ブーム」とも呼ばれるような事態が発生した。

図表 6 は、1992 年から 2002 年の 11 年間にかけて朝日新聞で報道された記事の中で、「危機管理（risk management）」というキーワードが含まれた記事の件数の推移を示したグラフである（福田, 2004a）。新聞記事の危機管理報道に関する内容分析を行った結果、90 年代以降、危機管理に関する記事の量が増加していることが実証された。このグラフを見ると、94 年までは 1 年で 100 件にも満たなかった危機管理の記事が、95 年の 1 年で 504 件に増加していることがわかる。これは、95 年 1 月に阪神淡路大震災が発生し、3 月にはオウム真理教による地下鉄サリン事件が発生したことの影響が大きい。また、96 年には前年の半分の 248 件となっているが、この年にもペルーの日本大使館人質事件が発生している。また、98 年には北朝鮮によるテポドンの発射実験、99 年には JCO 臨界事故、北朝鮮の不審船事件、コンピュータ 2000 年問題などが重なり 806 件まで記事量の増加が見られた。また、2001 年にはアメリカ同時多発テロ事件などの影響により最高の 845 件となった。このようにメディア報道の中でもリスクに対する危機管理の報道が増加している現状がある。

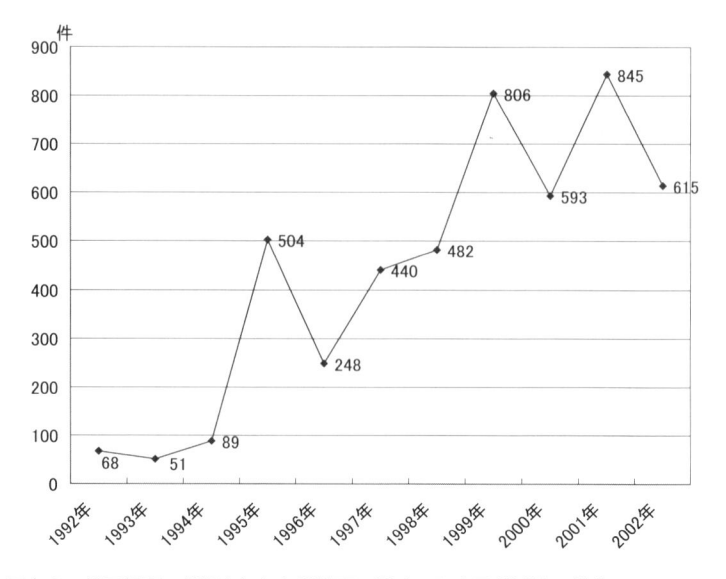

図表6　朝日新聞で報道された危機管理に関する記事量(件数)の推移 (福田, 2004a)

　Beck（1986）はリスク社会において、世論に対する「何が社会問題であるかという定義付け」に関して、メディアが大きな影響力を持つことを指摘する。つまり、現在どのようなリスクが大きな問題であるのか、その知識や情報を人々はメディアに依存しているのである。リスクが社会的に認知されるのは、科学的調査による研究報告書を役所が発行したときではなく、それをシュピーゲル誌のようなメディアが報道したときだと、Beck はいう。これは、メディアがリスクに関して持つ議題設定機能（agenda setting function）に似た効果である。現代社会で「何が問題であるのかという定義」を供給するのがメディアであれば、それを受容してその「定義」を解釈するのは、受け手＝オーディエンスである。彼は同時に、そのオーディエンスにおけるリスクへの「定義力」の重要性を指摘する。
　また「目に見えないリスク」を可視化してくれるのがメディアであり、メディア報道である。海面が上昇して危機に瀕した島民の映像、原発事故の発生、有毒物質に汚染されたミルクで重病になった子どもの映像が、テレビや新聞、雑

誌のメディア報道によって伝えられたとき、将来起こるはずの、目に見えないはずのリスクが可視化される。つまり、現実世界において不可視かつ潜在的であったリスクを発見し、報道することによって、メディアは社会的にリスクを顕在化させる機能を持つ。そのメディア報道を受容したオーディエンスの意識においても、潜在化していたリスクに対する意識が顕在化することによって、リスクへの不安や関心が発生する。このメディアとオーディエンスの相互作用の関係によって、リスク社会が発展する図式が措定されている（図表7参照）。

このようなリスク・コミュニケーションのモデルにおいて、「リスク・メッセージ（risk message）」は非常に多岐にわたるもので、リスク・メッセージはその受け手に対して危機や恐怖を感じさせることで（恐怖喚起説得）、リスク回避行動をとらせる①「リスク喚起メッセージ」と、リスクに関する具体的で正確な情報をたくさん流すことによって、受け手の不安を取り除き、パニックや社会的混乱を防ぐ②「リスク低減メッセージ」の二つの方向性がある。前者は、社会心理学的な説得コミュニケーションのプロセスから見れば、危険や恐怖を

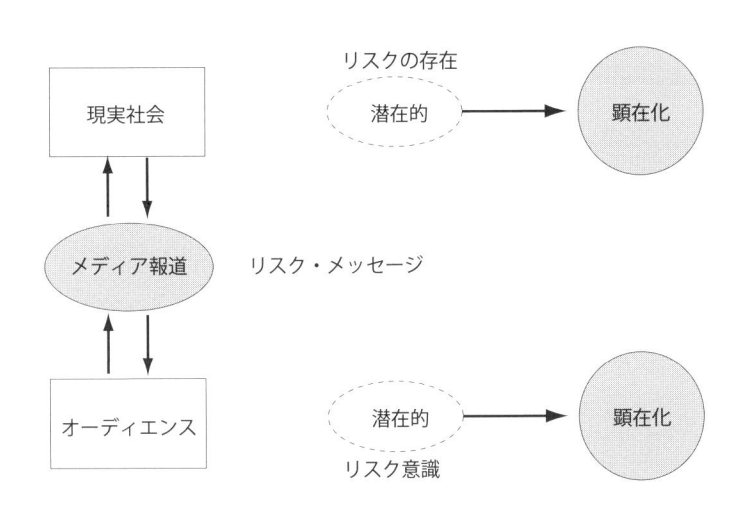

図表7　潜在的なリスクを顕在化させるメディア報道モデル

与えて相手の行動を変化させようとする恐怖説得コミュニケーションに該当する (Janis & Feshbach, 1953)。また後者は、風評被害などの影響を回避するために安全性をアピールする必要がある場合などに使用されることが多い。

世界はリスクを知覚するものとリスクを知覚しないものに二分されると、Beck (1986) は指摘する。その場合の多くにおいて、大衆はリスクを知覚していないものに分類される。彼によれば、大衆のリスクに対する不安は、リスクに対する知識がないことに起因する。彼は大衆による反対、不安、批判、抵抗は純粋に情報の問題であると述べる。大衆に適切な情報が与えられれば、リスクに対する不安は解消されるか、適切な対応行動に結びつけられるはずである。つまり、リスクに関する知識を供給する機能もメディアの重要な機能の一つである。

また、リスクが社会において増大するにつれて、社会や政治状況においてリスクに対する知識が持つ意義が高まると、Beck (1986) は指摘する。それと同時に知識を形成する「科学・研究」の価値が高まり、その知識を広める手段、メディアの重要性は増す。リスク社会は科学社会でもあり、メディア社会、情報社会を基礎にして成り立つのである。

しかしながら同時に、皮肉な現象も発生する。近代において科学は真理に基づいた説得力を持つものであったが、科学の進歩と発展により、科学の仮説や理論は多様化し、相反するものが乱立するようになった。その結果、科学の真理が相対化され、どの真理が正しいのか、それを選択して信仰することが必要となった。そこに「科学の政治性」が発生し、メディアや官僚制度がつけ込む余地が発生する (Beck, 1986)。どの科学的理論が正しいのか、それを決定するためにはさらにメタレベルな科学的アプローチが必要になる。近代が進展すると、科学の正しさを検証するために必要になる科学、つまり、科学の自己内省的段階に発展すると Beck (1986) は指摘する。こうしたリスクをめぐる科学や政治の言説は、メディアにおいてせめぎ合いを始めるのである。ここでもメディアは重要な役割を果たす。

リスクとメディアの問題に関しては、とくに Beck (1986) はテレビの問題を

強調する。彼によれば、テレビは経験を個別化すると同時に標準化する力を持つという。またテレビは地域社会や家族といった伝統的コミュニティからオーディエンスを解放する。そのオーディエンスが持っていた言語、経験や生活が伝統から解き放たれる。しかしながら同時に、テレビによってオーディエンスは似たような状況に置かれる。部屋の中で一人で食事をしながら、テレビニュースでレバノンの戦争における悲惨な戦場シーンを目の当たりにする。このテレビが作り出す、一人の部屋とレバノンの戦場という「場所の二重性」(Beck, 1986)は、精神分裂的構造を持つ。このテレビのおかげで、安全な日本に生活する一般市民は容易に戦争やテロの不安を喚起することができ、だからこそ現代の日本人は、常にそうしたリスクを想定することが可能になっている。このようにリスクとは、現在の自分がそうでないにもかかわらず、将来の可能性として想定できる事態を指すことが多い。それを可能にしているのはメディアであり、それによってもたらされる情報である。

このようなからくりで、「存在」と「意識」の転倒が発生する。階級社会においては、存在が意識を規定するが、リスク社会においては意識が存在を規定すると、Beck (1986) は指摘する。その意識の中では、この不安が大きな求心力を持つ。これが、リスク社会の特徴である。

2.5 メディアとリスク・コミュニケーション

ではリスク研究において、メディアの影響力はどのように考察されているのだろうか。社会心理学的なリスク・コミュニケーション研究の分野におけるメディアの研究を紹介したい。

Combs & Slovic (1979) は、リスク認知にメディア報道が与える影響について検証を行っている。彼らは、人々のリスク認知が、実際の社会で発生している実勢の「生起頻度」と、メディア報道のとくに新聞記事において報道されている「報道頻度」のどちらからより大きな影響を受けているか、実際に新聞記事を内容分析することで検証した。彼らは、オレゴン州の地方紙「レジスター・

ガード」と、マサチューセッツ州の地方紙「スタンダード・タイムズ」の2紙を1975年の奇数月の全紙面を対象に内容分析を行った。分析するリスクの項目としては、全米で極めて発生頻度の低い天然痘やボツリヌス菌中毒などのリスクから、発生頻度が中程度の自動車・列車事故、武器による事故、ぜんそくなどのリスク、そして発生頻度が極めて高いガン、脳溢血や心臓疾患、そしてあらゆる疾病すべてを対象にしている。そして、それらすべてのリスクに関する全米での①実勢の生起頻度、②リスク認知（先行研究のデータを使用したメタ分析）、③両紙での死亡報道、④両州での事件発生などを調べて実数化し、統計分析を行った。その結果、リスクに関する実勢頻度と報道頻度との間にも相関はあったものの、その効果を統制して分析した結果、生起頻度よりもこの地方紙における報道量の方が、人々のリスク認知と高い相関を示すことが明らかになった。つまり、新聞記事によるニュース報道と、人々のリスク認知の間に相関関係が見られたのである。新聞記事においてより多く報道されているリスクほど、人々のリスク認知の順位が高い、つまり、人々は新聞記事でより多く接するリスクに対して危険性を感じていたのである。

他にも、Singer & Endreny（1987）、Wiegman et al.（1989）らは、メディア研究、マスコミ研究の文脈において新聞報道を例にとって、リスクに関する報道量と読者のリスク認知の間にある相関関係を明らかにしている。現実社会で発生するリスクの生起確率より、報道でリスク情報に接する接触率の方が、読者のリスク認知に影響を与える可能性があるということである。これは、マス・コミュニケーション研究の文脈でいえば、Gerbnerのいう培養理論・涵養理論（cultivation theory）に近い現象である。

このようにリスク・コミュニケーションを考えるとき、このメディア報道の変数を欠かすことはできない。しかしながら注意すべき点はある。このメディア報道とリスク認知の関係の間に、これまで相関関係は検証されているが、これは決して効果の因果関係ではなかった。またこれらの先行研究はあくまでも新聞というメディアを例にとった研究であるが、現在でも最も多く利用されているメディアであるテレビとリスク認知に関する研究はこれまでほとんど行わ

れていない[16]。

　また同時にこれらの研究はあくまでもリスク認知にメディアが与える影響であって、その他のリスク・コミュニケーションのプロセスにおけるメディアの影響を解明したものではないことに留意すべきである。とくに、リスク社会を深化させていく人々のリスクに対する不安という感情、リスク不安へのメディアの影響については、これまでほとんど研究されてこなかった。このリスク不安がリスク・コミュニケーションの中でどのような構造を持っているか、そしてそれにメディアがどのような影響を与えているかを検証するのも、本書の中心的な課題である。

　ここで、リスク社会におけるメディアの重要な機能を考察する上で、メディアがもたらすリスクの社会増幅理論について触れる必要がある。メディア・イベント（media event）の中でもとくに危機に関する「リスク・イベント（risk event）」が発生すると、メディアによって、そのリスク・イベントに関する一極集中的な報道が繰り返され、それによってある特定のリスクに関する情報だけが社会に氾濫し、人々のリスク認知が歪められるような現象が発生することがある。このようにあるリスクに対する認知や不安が社会の中で偏って増幅されるような社会的現象を説明するモデルは、Kasperson et al.（1988）が提唱した「リスクの社会増幅理論（social amplification of risk）」で説明することが可能である。このとき、リスクを社会的に増幅させる機能を果たす中心となるのがメディアである。

　2001年の9.11同時多発テロ事件や1995年のオウム真理教による地下鉄サリン事件などの大規模なテロ事件の直後は、メディアのニュース報道はテロリズムの問題に集中する。そのとき、テロリズムのリスクが社会的に増幅され、人々のリスク意識の中で、テロに対する不安や危機感が増大する。また、95年の阪神淡路大震災の直後には地震に関するニュース報道が中心となるため、その影響で地震に対するリスク意識が高まることが想定される。偽装米の問題や毒入り餃子事件が発生すれば、食品の安全に関するニュース報道が増加し、その結果、人々の食品に対するリスク意識が顕在化することによりリスク不安も高ま

ることが考えられる。このようなリスク・イベントと、メディア報道、そして人々のリスク意識の三者の因果関係を経験的に想定することができる。しかし、このリスクの社会増幅理論とメディアの関係は、経験則として語られるのみで未だに明確には検証されていない。このリスク・イベントと、メディア、リスク意識の三者の相関関係、因果関係を証明するのも、本書の目標の一つである。

　こうしてメディアの効果・影響について考察しながら、これからのリスク・コミュニケーションはどうあるべきか、リスク・コミュニケーションの理想的な目標を設定する必要がある。Keeney & von Winterfeldt（1986）は、リスク・コミュニケーションに必要な目標とそれを達成するための戦略を6点にまとめている（吉川, 1999）。

①人々に対してリスクやリスク分析、リスク管理に関する社会教育をすること。
②リスクを低減するための対応行動を人々に十分に知らせること。
③リスクを低減するための個人的な対策を奨励すること。
④リスクに対する人々の価値や意識、関心に対する理解を深めること。
⑤リスク・メッセージの発信者、受信者における相互の信頼と信用を確立すること。
⑥リスクに対する社会的葛藤や社会的論争をコミュニケーションして解決すること。

　このように、よりよいリスク・コミュニケーションのためには、人々がリスクに対してどのような意識、関心を持っているのかをまず知らねばならない。本書では、人々のリスクに対する意識を、リスク不安を中心に多角的に調査し、分析を行う。そして、社会や個人に対してどのような手段でリスクに関する情報を提供し、対応行動に結びつけ、リスクに関する社会的葛藤や論争を解決することができるか、そのためのメディアの影響力、効果について検証を行う。そして最後に、リスクに対する人々への社会教育はどうあるべきか、人々がリスクに関する社会教育で何を求めているかを調査により明らかにする。本書に

おけるこうした研究アプローチは、Keeney & von Winterfeldt（1986）が示しているようなリスク・コミュニケーションの目標にもかなうものである。

　現在、日本人はどのような危機に対して、どのような不安を抱いているのだろうか。高度に技術が進化し、情報化も進んだ現代社会において、一般市民が巻き込まれるリスクの多様化、もしくは多様性の顕在化が問題となっており、この多様なリスクに対して人々がどのようなイメージを持っているのか、そのリスク・カテゴリーを横断して考察する必要性がある。まず、(1)一般市民が持つリスクに対する意識について、社会調査を通じて明らかにし、そしてさらにその意識と行動のメカニズムの原因を探るべく、(2)一般市民が持つ不安意識が彼らのマスコミ接触、メディア利用とどのような関係にあるのかを解明し、(3)最終的には一般市民のリスクに関する意識・危機管理意識を健全に育成するためには、どのような社会教育が必要であるか、その方策を本書において考察したい。そのために、これまで筆者が行ってきたリスクに関する社会調査の成果を整理して、具体的なデータをもとにリスク・コミュニケーションとメディアに関する問題を考察する。

3章 リスクとメディアに関する調査計画と仮説

3.1 リサーチ・クエスチョン

　これまで考察してきたような先行研究や現代社会における問題群を踏まえて、本書で明らかにすべきリサーチ・クエスチョンは以下のとおりである。

　これまで、リスクに対する意識、リスク認知やリスク不安に対する社会心理学的、認知心理学的研究は多くあったが、それらのリスクに対する意識のプロセス、メカニズムを全体的にかつ構造的に考察するための研究は少なかった。本研究ではまず、リスクに対する意識がどのような心理的過程によって構造化されているのか、そのプロセス、メカニズムを解明することから始める。

　さらに、こうしたリスクに対する意識のプロセスとメディアの影響については、これまでほとんど解明されてこなかった。メディアは人々のリスク意識にどのように関連しているのか、リスク意識とメディア利用を結ぶリスク・コミュニケーションを解明することが、本研究の目的である。とくに、これまでリスク認知研究においても、またリスク・コミュニケーション研究においてもあまり扱われてこなかった、リスク不安とメディアの関係を解明する。

　そして最後に、人々が求めているリスク・コミュニケーションのあり方、リスクに関する社会教育の方策はいかなるものか、社会調査のデータを元に検証する。

3.2 理論仮説

これらのリサーチ・クエスチョンを明らかにするために、本書では、以下の三つからなる理論仮説を設定する。次章から紹介する本書で実施した社会調査のデータは、この三つの理論仮説を検証するためのものである[17]。

●理論仮説1：
　リスクに対する意識は、リスクへの不安感を中心にして構造化されているのではないか。つまり、人々の認知的情報処理プロセスの中で、リスクと強く結びついている感情は不安なのではないだろうか。さまざまなリスク項目に対する人々の意識にはどのようなパターン、メカニズムがあるのだろうか。リスク間での関係、心理的プロセス内でのメカニズムの両方を解明する。

●理論仮説2：
　リスクに対する心理的プロセスは、メディアからの影響を受けているのではないか。とくに、リスクに関するメディア情報により多く接している人ほど、リスクに対する不安を強く感じているのではないだろうか。人々は普段どのようなメディアに接していて、リスクに関する情報をどのようなメディアから得ているのだろうか。リスク不安に対するメディアの影響を検証する。

●理論仮説3：
　人々はリスクに対するリスク・リテラシーを欲しているのではないか。人々の中にあるリスク意識が、危機管理のための健全な社会政策に結びつくためには、リスクに関するどのような社会教育が必要なのだろうか。社会教育のためにどのようなメディアを利用してリスク・コミュニケーションを行うことが有効であるかを解明する。

これらの理論仮説を証明するための作業仮説は量が多いため、ここでは紹介を省略したい。しかし、大量の作業仮説を構築し、それを証明するための質問項目を作成した。本書で後に紹介する三つの調査で使用した調査票とその質問項目については、巻末の資料1と資料2を参考にされたい。これらの調査票における質問項目には理論仮説を検証するための作業仮説が反映されている[18]。

3.3 調査概要

これらのリサーチ・クエスチョンと理論仮説を検証するために、筆者はこれまで数多くの社会調査を実施してきた。本書でこれから考察する研究の調査データは、以下の三つの調査によるものである。

① 「社会安全・危機管理についての意識とメディア教育に関するアンケート調査」[19]
② 「原子力に対する意識に関するアンケート調査」[20]
③ 「消費者のリスク意識に関するアンケート調査」[21]

次の章では、福田（2004a）の社会調査①「社会安全・危機管理についての意識とメディア教育に関するアンケート調査」について最初に紹介する。この調査を本書では「調査①」と呼ぶこととしたい。これは、人々のリスクに対する意識、またリスク意識とメディアの関係、そしてリスクに関する社会教育のあり方について調査したものである。調査実施期間は2003年7月で、調査対象者は東京都内の私立大学で法学、政治経済学、社会学を学ぶ大学生の男女433名である[22]。標本抽出方法は、作為抽出法（有意抽出）である[23]。この調査は、リスクに対する危機管理やその社会教育法に関するやや高度な知識や意識が必要であるため、調査対象者をそうした関連する社会科学を専攻している学生を調査対象とすることとした。こうした基準によって作為抽出法、有意抽出法が選択された。調査実施方法は質問紙による集合調査法である[24]。各大学の教室

に集められた条件に該当する大学生によって同時に実施された。回収数は433票で有効回答数も433票（有効回答率100％）であった。よって福田（2004a）の調査①におけるデータの総度数はN＝433である。財団法人社会安全研究財団の助成による研究で、この研究は当財団による優秀論文賞を受賞した。その調査結果の詳細については、参考文献に示す福田（2004a）と福田（2004b）を参照のこと。この調査①で使用した質問紙調査票を巻末の資料1に添付するので参照されたい。

　そして次に紹介する福田（2006c）の社会調査②「原子力に対する意識に関するアンケート調査」の概要は、以下のとおりである。これは原子力に対するリスク・コミュニケーションのあり方、そして原子力に対するリスク意識について調査したものである。調査実施期間は2006年1月で、調査対象地域は、(A)東京都内と(B)福井県美浜町、敦賀市の2地点である。原子力に対する意識を調査したもので、そのため、近隣に原子力発電所を持つ地方の福井県の住民と、原子力発電所から遠く離れた中央の東京都の住民の意識の差を比較するためにこの2地点を抽出した。調査対象者は20歳以上の男女であるが、本書で紹介するのは(A)東京都内調査のデータだけである。本書ではこの調査を「調査②」と呼ぶことにしたい。標本抽出法は、二段無作為抽出法で、調査方法は調査員による訪問面接調査法である。(A)東京都内調査の有効回答数は、245票（有効回答率61.3％）である。よって、福田（2006c）の調査②のデータ数はN＝245となる。この研究は、原子力安全基盤機構による助成研究である。この調査結果の詳細は、参考文献に示す福田（2006c）を参照されたい。

　最後に紹介する福田ら（2005）の社会調査③「消費者のリスク意識に関するアンケート調査」の概要は、以下のとおりである。この調査は、メディアにおける広告が人々のリスク意識にどのような影響を与えているかを検証することが目的であった。消費者のリスク意識に訴えかける広告メッセージとその効果を検証するリスク・コミュニケーション研究である。この調査を本書では、「調査③」と呼ぶことにする。調査期間は2004年12月、調査対象は東京近郊在住の20歳以上の男女である。標本抽出法は調査会社のモニターを利用した層化抽

出法、調査実施方法は質問紙による集合調査法である。そのため、回収数、有効回答数ともに196票（100％）であった。この調査③のデータ数はN＝196である。この調査研究は、財団法人吉田秀雄記念事業財団の助成によるもので、本書で紹介する調査③はその総合的な助成研究の中のごく一部である。この研究は第3回吉田秀雄賞を受賞した。詳細については、福田ら（2005）を参照されたい。またこの調査③で使用した質問紙調査票を巻末の資料2に添付している。

　これらの三つの社会調査から、リスク・コミュニケーションとメディアの関係を検証する。

4章 現代人の持つリスク意識とその構造

4.1 リスク認知とリスク不安

　現代社会は多様なリスクが顕在化したリスク社会であり、現代人にとっては、日常生活のあらゆる場面にリスクが内在していると考えられる。台風や地震のような自然災害、火事や交通事故などのトラブル、窃盗や詐欺、傷害事件やテロ事件などの犯罪だけでなく、不況による雇用の悪化、年金、保険などの社会保障問題さえも、個人の生活を脅かす重大なリスク一つであるといえる（福田, 2004a）。先に述べたように Beck (1986) はこの状況を「リスク社会 (risk society)」と表現し、Beck (2002) はさらに発展した現代の世界的現象を「グローバル・リスク社会 (global risk society)」と規定している。そして、現代社会におけるリスクの特性を個人化、普遍化、不可視化といった再帰的近代化のプロセスの一部として捉えている。日常生活において普遍的に潜在化しているリスクが個人化していく過程の中で、それぞれの個人が自分でリスクを認知 (risk perception) し、管理 (risk management) することを強いられる「自己管理」と「自己責任」の社会に現代人は生活している。2004年のイラク日本人人質事件の際に、誘拐された日本人に対して「自己責任論」が発生したことは記憶に新しい。それまで日本でもタブー視されていた「危機管理」という言葉が、90年代後半以降解禁され、むしろ社会のキーワードとなったのはそうした社会的背景がある。リスク認知からリスク管理、リスク・コントロールを含めた総合的なリスク・コミュニケーションが問われる現代において、人々はさまざまなリスクに対してどのような意識を持っているのだろうか。自然災害やテロ、事故

等に関するメディア情報接触、社会的関心、不安感といった心理的プロセスから、筆者が近年実施してきた社会調査のデータ分析結果の検討をもとに、現代人のリスク意識を解明する。ここでは、福田（2004a）による 2003 年の調査①のデータを紹介する。

まず事件や事故に関するリスクについての意識について概観したい。図表 8 のように、「社会ではさまざまな事件の発生が増えている」と感じている人が 91.5％、「事故の発生が増えている」と感じている人も 73.7％に上ることがわかる。つまり、社会での事件・事故発生件数の実態とは関係なく、人々は社会で事件や事故が年々増加していると認知しているのである。その結果、「自分も事件や事故に巻き込まれるのではないか」と不安を感じている人も 55.7％と過半数を超えており、多くの人々が事件や事故への不安を抱えながら生活していることがわかる。メディア報道に関していえば、「TV ニュースやワイドショーでの事件・事故の報道をよく見る」人は 91.5％おり、事件や事故の対策として、「危機管理を本や雑誌、テレビ番組で学びたい」と思っている人も 59.8％いるこ

項目	%
a) 最近、社会では様々な事件の発生が増えていると感じる	91.5
b) 最近、社会では様々な事故の発生が増えていると感じる	73.7
c) TV ニュースやワイドショーでの事件・事故の報道をよく見る	91.5
d) 自分も事件や事故に巻き込まれるのではないかと不安になる	55.7
e) 事故や事件に巻き込まれないように、日々注意しながら生活している	36.7
f) 事件や事故の危機管理を本や雑誌、テレビ番組で学びたい	59.8
g) 事件や事故はいくら注意しても仕方がないと感じる	51.3

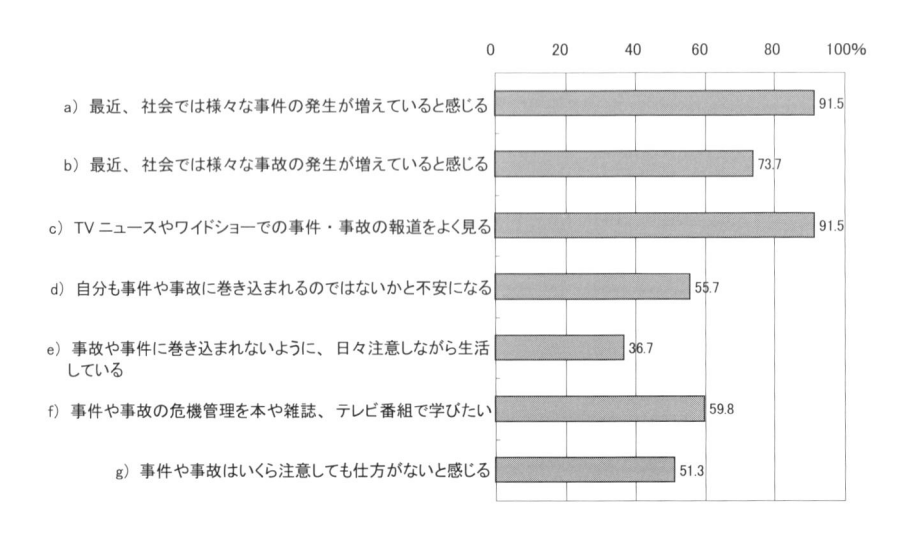

図表 8　人々の事件や事故に対する意識（福田, 2004a）

とがわかる。このように、リスクに対するメディアの利用頻度は高く、そのリスクに対する情報ニーズも高いことがわかる。

福田（2004a）は、12項目からなるリスク（リスク項目は、①戦争、②大地震、③火事、④テロ事件、⑤原子力発電所事故、⑥交通事故、⑦通り魔事件、⑧空き巣や窃盗などの犯罪、⑨誘拐拉致事件、⑩ストーカー事件、⑪個人情報の流出、⑫SARS等の伝染病の12項目）に対する人々の「認知」「不安感」「情報ニーズ（欲求）」「知識量」「個人的対策」などの意識・行動的側面がどのように関係しているかを調査データからモデル化している。

まず、人々はリスクに対してどのようなリスク認知を行っているのだろうか。人々がこの12項目のリスクに対してどのようなリスク認知を持っているか、その結果を示したのが図表9である。このグラフを見ると、人々が危険を感じて

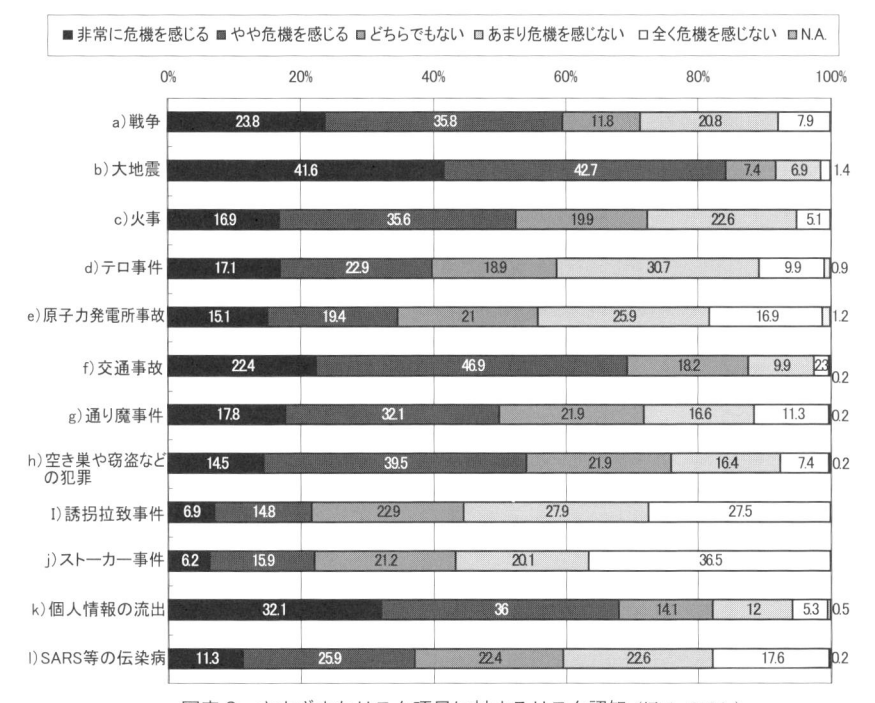

	非常に危機を感じる	やや危機を感じる	どちらでもない	あまり危機を感じない	全く危機を感じない	N.A.
a）戦争	23.8	35.8	11.8	20.8	7.9	
b）大地震	41.6	42.7	7.4	6.9		1.4
c）火事	16.9	35.6	19.9	22.6	5.1	
d）テロ事件	17.1	22.9	18.9	30.7	9.9	0.9
e）原子力発電所事故	15.1	19.4	21	25.9	16.9	1.2
f）交通事故	22.4	46.9	18.2	9.9	2.3	0.2
g）通り魔事件	17.8	32.1	21.9	16.6	11.3	0.2
h）空き巣や窃盗などの犯罪	14.5	39.5	21.9	16.4	7.4	0.2
i）誘拐拉致事件	6.9	14.8	22.9	27.9	27.5	
j）ストーカー事件	6.2	15.9	21.2	20.1	36.5	
k）個人情報の流出	32.1	36	14.1	12	5.3	0.5
l）SARS等の伝染病	11.3	25.9	22.4	22.6	17.6	0.2

図表9　さまざまなリスク項目に対するリスク認知（福田, 2004a）

いるリスクは、大地震(「非常に危機を感じる」が41.6%)、個人情報の流出(32.1%)、戦争（23.8%)、交通事故（22.4%）と続いている。この数値に「やや危機を感じる」の数値を足し合わせると、非常に多くの人々がこれらのリスクに危機を感じていることがわかる。それに対して、リスク認知の順位が低いのはストーカー事件（6.2%)、誘拐拉致事件（6.9%)、SARS等の伝染病（11.3%）である。このように、リスク認知に関しては、非常に生起頻度が高いリスク（交通事故や個人情報の流出)、生起頻度は低いが被害規模の大きなリスク（大地震や戦争）の順位が高いという傾向が見られた。一般的にリスク研究では、リスクはこの生起頻度と被害規模の積として表されることが多い。

続いて、人々のリスク意識のプロセスの中で、非常に重要なのがリスク不安である。その不安感について示したのが図表10である。2003年の段階で一般

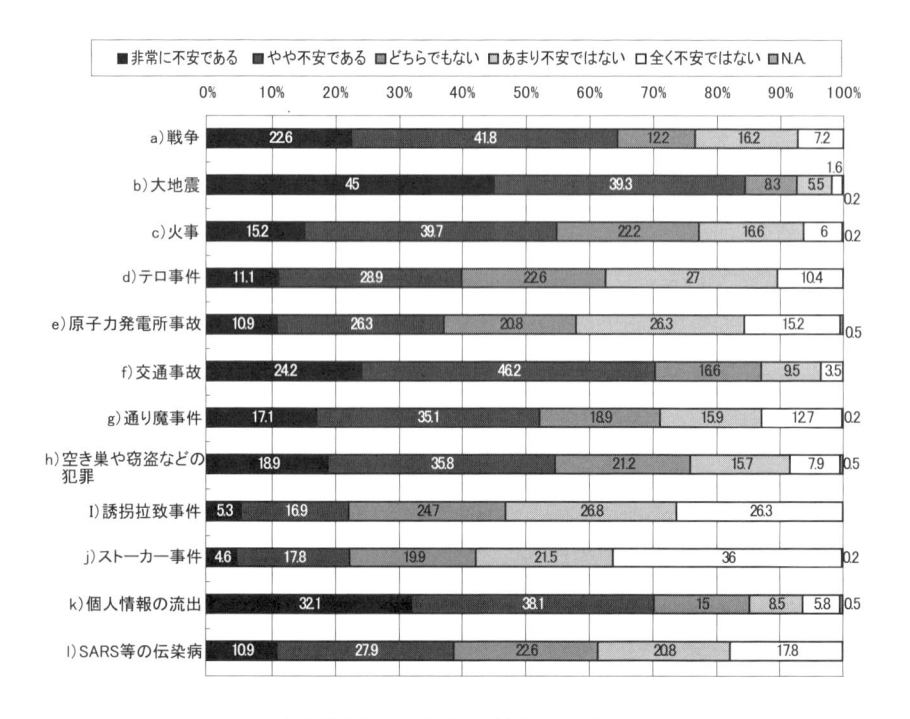

図表10　さまざまなリスク項目に対するリスク不安（福田, 2004a)

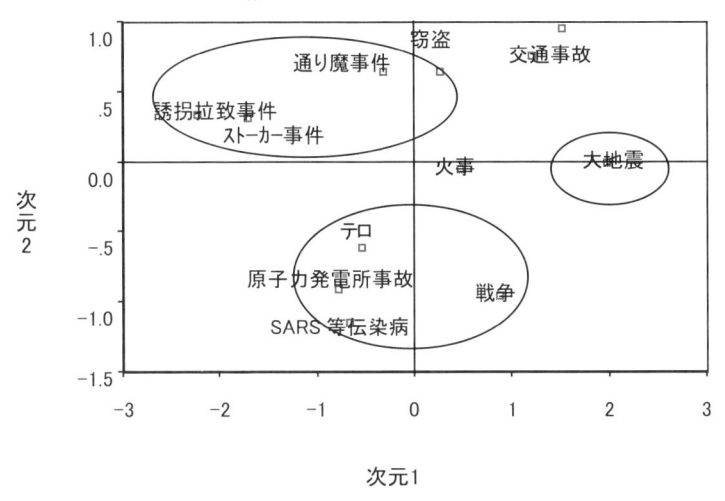

4章 現代人の持つリスク意識とその構造 55

誘導された刺激布置
ユークリッド距離モデル

[散布図：次元1（横軸、-3〜3）と次元2（縦軸、-1.5〜1.0）のMDS布置。窃盗、交通事故、通り魔事件、誘拐拉致事件、ストーカー事件、火事、大地震、テロ、原子力発電所事故、戦争、SARS等伝染病がプロットされている]

図表11　MDSによるリスクに対するイメージの布置（福田, 2004a）

　市民の不安感の高いリスクは、大地震（「非常に不安を感じる」が45.0％）、個人情報の流出（32.1％）、交通事故（24.2％）、戦争（22.6％）などである。これに、「やや不安を感じる」の数値を足し合わせると、これらのリスクに対する不安度は非常に高い傾向にあることがわかる。それに対して不安感の低いリスクは、ストーカー事件（4.6％）、誘拐拉致事件（5.3％）、原子力発電所事故（10.9％）などが挙げられる。こうした不安感の低いリスクに関しては、自分にとって生起頻度が低いという認知が働いている可能性がある。また、これを見ると、リスク認知の結果と、リスク不安の結果が非常に近い傾向を示していることがわかる。このリスク認知と不安感の両者の関係については、後ほど詳細に考察したい。
　その結果を多次元尺度法（MDS: Multi Dimensional Scaling）で分析した結果が図表11である[25]。この結果から、一般市民の持つリスクに対するイメージの構造が明らかとなる。横軸の次元1は、リスクに対する不安度を示していると

考えられる。次元1で右へ行くほど不安感は高くなり、左に行くほど不安感は低くなる。また縦軸の次元2は、自分にとってのリスクの身近さを示していると考えられる。次元2でプラスの方向に向かうほど自分にとって身近なリスクであり、マイナスの方向に向かうほど自分には縁遠いリスクであるというイメージである。原発事故やテロ、戦争は一度発生したら被害規模は大きいが、自分にとって縁遠い生起確率の低いものとして認知し、反対に窃盗や交通事故、通り魔事件などは生起確率の多い、自分にとって身近な犯罪と認知していると解釈することができる。このようなリスクに対する不安感におけるMDSの構造は、リスク認知におけるMDSの構造と非常によく似た傾向を示した。

「不安（anxiety）」とは人間が持つ基本的感情の一つで、危機を認知したときに発生し、その危機への回避行動や行動制止を引き起こしたり強化したりする心理である。この不安感にはさまざまな要因が関係している。何らかの情報によってもたらされた危機の認識によって不安は発生するが、その危機に対する心理的反応としての不安感は、①その危機の規模が大きいと認知されるとき、または②危機に関する情報の不確定度が高いとき、③不安に対するコントロール、対策の余地が小さいときに増大する。そして、そのリスクに対する不安感は、恐怖説得コミュニケーションによって、適度な恐怖を与えることにより、リスク回避行動をもたらす説得的効果につながることがある。またもう一方で、いたずらに恐怖説得が高い反面、そのリスクに関する情報が不確定なままであれば、不安感を高めることによりパニックを引き起こすことや、リスク回避行動などの適正な行動が全面的に制止されることがある。リスクに対する不安の感情は、リスクに関する心理的プロセスの中で中心的な役割を果たす変数であると同時に、その後のリスク回避行動やパニックの原因となり、また両者を分かつターニングポイントにもなる重要な意味を持つ。

　このリスクに対する不安感が、その他の心理的変数とどのような関係にあるか、そのリスクに対する心理的構造を考察するために、リスクに対する他の心理的態度についても検討する必要がある。

4.2 リスク意識の構造モデル

続いて、人々のリスク認知やリスク不安に影響を与えるその他の変数について考察したい。まず、リスクに対する情報ニーズ（欲求）について示したのが図表12である。人々はどのようなリスクに対する情報を欲しているのだろうか。情報ニーズが強いリスク項目には、大地震（「非常に知りたい」が54.7%）、個人情報の流失（48.3%）、戦争（46.9%）、テロ事件（32.1%）、SARS等の伝染病（30.3%）と続いている。これらの項目については「やや知りたい」という回答の数値を加えると6〜8割を超えていることがわかる。このように情報ニーズが高いリスク項目は、大地震や戦争、テロ事件、SARSのような大規模な被害が

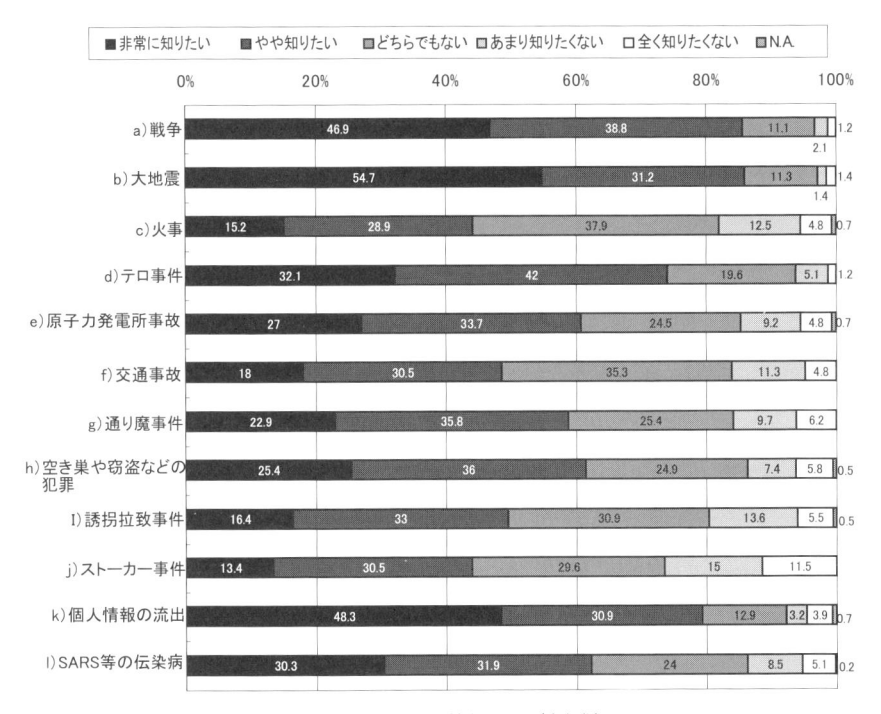

図表12　リスクに対する情報ニーズ(欲求)（福田, 2004a）

発生する可能性のあるリスクが含まれているのと同時に、個人情報の流出のように被害は大きくないが身近に発生しやすい、つまり生起頻度の高いリスクが含まれていることがわかる。

この結果を見ると、リスクに対する情報ニーズは全体的に非常に高いことがわかる。ではなぜこのようにリスクに対する情報ニーズは高いのだろうか。それは、リスクに対して不安が大きいにもかかわらず、それに対する知識、情報が少ないからではないだろうか。

続いて、リスクに対する自己の知識量を評価した結果を示したのが図表13である。これを見ると、「とても知識がある」という回答が1割を超えたリスク項目がないことがわかる。「とても知識がある」という回答は、戦争（2.5%）、大地震（2.3%）、テロ事件（2.3%）、原子力発電所事故（1.4%）と、圧倒的に少な

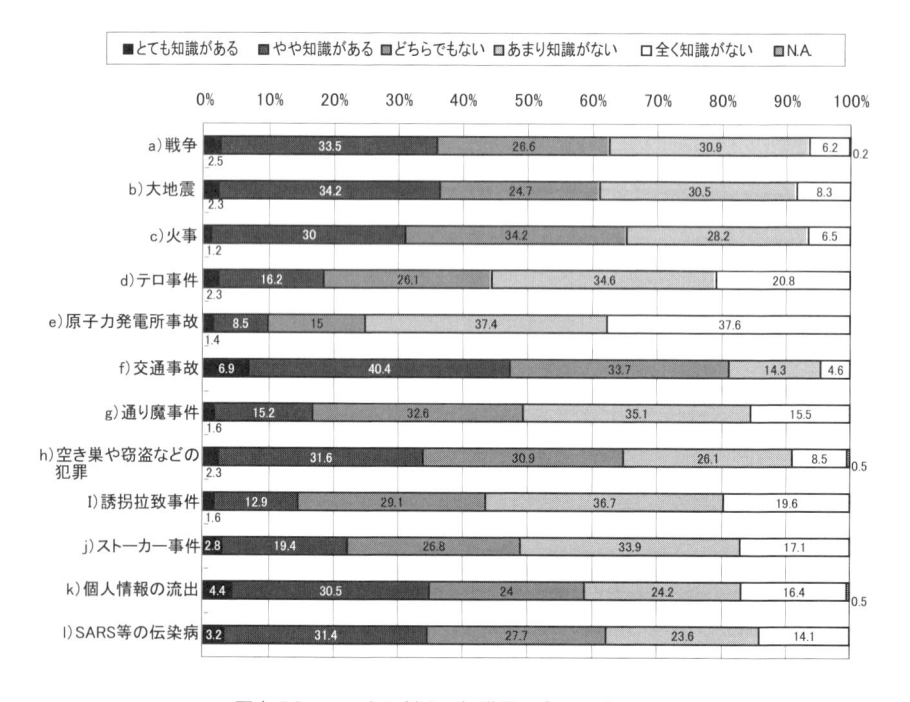

図表13　リスクに対する知識量の自己認識（福田, 2004a）

い。「とても知識がある」と「やや知識がある」という回答の数値を加えても、テロ事件は18.5％、原子力発電所事故は9.9％という結果であった。比較的数値の高い項目を見ても、戦争（36％）、大地震（36.5％）、SARS等の伝染病（34.6％）と3割台と低い数字である。その裏返しで、「あまり知識がない」「全く知識がない」という層は、原子力発電所事故に対して7割、テロ事件に対して5割を超えている。つまり、これらのリスクに対して人々の知識量は概して少ない傾向が明らかになった。全体的に見ると、リスクに対する知識量が少ないものほど、リスクに対する情報ニーズが高いという傾向が実際に見られた。

　では、以上のようなリスクに対する意識は、心理的プロセスとしてどのように構造化されているのだろうか。そのためにはリスクにまつわるリスク・コミュニケーションの全体的なプロセスを整理しておく必要がある。先に紹介したように、さまざまなリスクの原因から（リスク・ソース）、リスクを認知し（リスク・パーセプション）、リスクを構造的に把握、評価し（リスク・アセスメント）、リスクの回避、未然防止したり（リスク・コントロール）、リスクの被害を軽減、対処したり（リスク・マネジメント）する過程全体を「リスク・コミュニケーション」と呼ぶことができる。また同時に、人々のリスクに関する意識の中で行われるコミュニケーションも、リスク・コミュニケーションの一部として見なすことができる。

　この調査①では、リスク・コミュニケーションの観点からリスク項目に対する意識の構造を解明するために、これらのリスクに対する、①知識量、②情報ニーズ（欲求）、③リスク認知、④リスク不安、⑤個人的対策、⑥社会的対策、⑦パニックという7項目に関する態度のデータを収集した。この七つの変数はすべて5段階の順序尺度で構成されているため、変数間の関係を考察するために相関分析を行った。

　さまざまなリスクに対する総合的な心理的反応の関係を解明するために、これらのさまざまなリスクの中で、とくに「テロ事件」リスクに限定して、不安感に関連するさまざまな意識の中にある構造を、相関モデルとして示したのが図表14である。リスクに対する①知識量、②情報ニーズ（欲求）、③リスク認

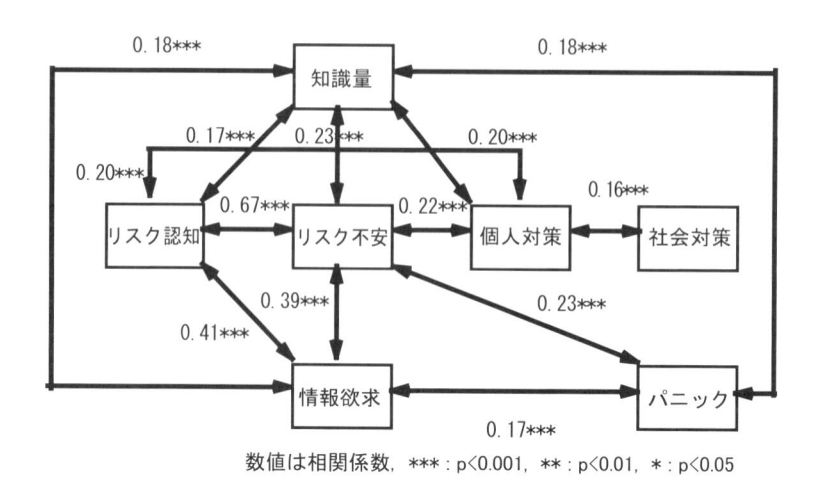

図表14 テロ事件に対する不安を中心としたリスク意識構造の相関モデル (福田, 2004a)

知、④リスク不安、⑤個人的対策、⑥社会的対策、⑦パニックについてそれぞれのデータを相関分析した結果が、このモデルである。相関関係が見られる変数の間に矢印のリンクを張り、その間に示した数字が相関係数を意味している[26]。

これを見ると、リスク認知とリスク不安、情報ニーズ（欲求）の間に強い正の相関関係があることがわかる。つまり、リスク認知の度合いが強い人ほどリスク不安も強い傾向があり、情報ニーズも強いということである。またパニックとリスク不安の間にやや小さい正の相関関係が見られることがわかる。つまり、不安感が強い人ほどパニックを発生させやすいということである。それ以外の相関係数は非常に低いため、非常に弱い相関であるといえる。これまでの災害心理学やパニック心理学の研究成果から、パニックという現象は一種の神話であり、そう簡単に発生するものではないことが検証されつつあるが、この分析結果は、一般市民の不安感や危機感をしずめるためには十分な情報提供が必要であり、それによって不安感をコントロールすることで社会的なパニック的反応の発生を防ぐことができることを示唆している。

そして、これはテロ事件というリスクだけに限定される傾向ではないことも明らかになった。戦争のリスクに関する諸変数を先ほどと同じように相関分析して得られたモデルが図表15である。このモデルを見てわかるように、戦争のリスクに対しても、テロ事件と同じように、リスク不安を中心としたリスク意識のプロセスが存在することが明らかになった。このテロ事件と戦争のリスク意識モデルが非常によく似た構造を持っていることは注目に値する。しかし、それはテロ事件と戦争が、図表11の多次元尺度法（MDS）において同じグループに属するリスクだからなのかも知れない。つまり、この両者は偶然似た傾向を持つリスクであるに過ぎない可能性もある。それを検証するために、他のすべてのリスクに対して先ほどと同じ相関分析を作成したところ、他のリスク項目でも、ほぼすべてにおいて、リスク不安を中心としたリスク意識モデルが形成された。それを示すために、図表16に大地震のリスクに対するリスク意識の相関モデルを示す。これを見ると、テロ事件や戦争といったリスクと比べて、変数間で発生する相関関係のリンクや、その相関係数に多少の違いは見られるものの、全体的に見て、やはりリスク不安を中心として似たようなリスク意識モデルが形成されることが明らかになった。つまり、リスクにはさまざまなものがあるが、そのリスクに対する人々の意識の構造は、全体として非常に似た構造を示すことが証明されたのである。個々の回答にはさまざまな特徴があるものの、それを集約して社会全体で見た場合、社会心理学的なアプローチでは、人々の中にある共通のリスク意識モデルを解明することができた。しかも、この人々のリスク意識の構造はリスク不安を中心にして構造化されていることが明らかになった。リスク・コミュニケーションにおいて、このリスク不安こそ、最も重要なリスク意識であると考えられる。よって、これらの調査結果から理論仮説1は実証されたといえる。

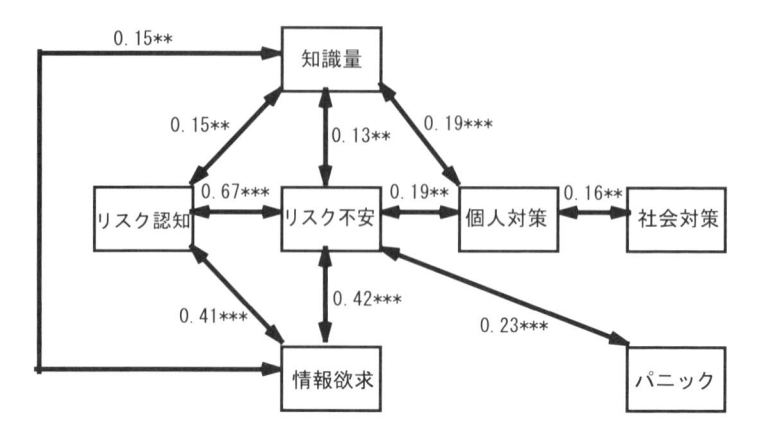

図表 15　戦争に対する不安を中心としたリスク意識構造の相関モデル（福田，2004a）

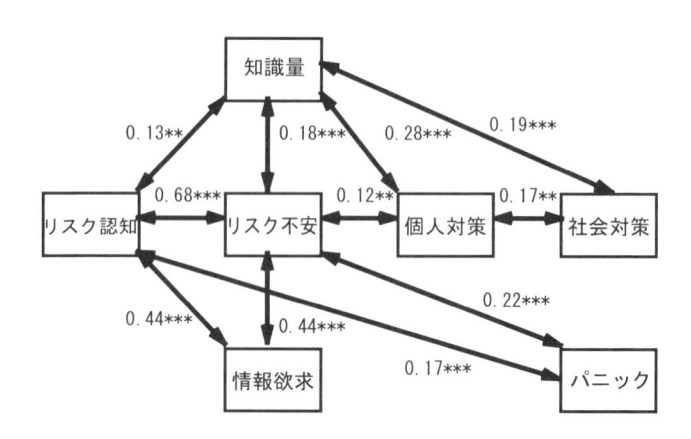

図表 16　大地震に対する不安を中心としたリスク意識構造の相関モデル（福田，2004a）

5章 リスク・コミュニケーションとメディア

5.1 リスクへのメディア・アクセス

　リスク・コミュニケーションの観点から考察すると、リスク不安とリスク認知には、リスクに対する情報ニーズ（欲求）と知識量が影響を与えていることが判明したが、そのリスクに対する情報ニーズと知識量を決定する変数は何なのだろうか。それはリスクに関するメディアへの情報アクセスであると推測できる。これまでの先行研究でも、Singer & Endreny（1987）や Wiegman et al.（1989）によって人々のリスク認知やリスク不安に与えるマスコミ、メディアの影響が検証されている。

　メディアにおけるリスクに関する情報アクセスについて考察するためには、人々のメディア利用頻度についてまず検討する必要がある。引き続き、福田（2004a）による調査①のデータを用いて考察したい。まずメディアの利用頻度を示したのが図表17である。これを見るとこれらのメディアの中で最も利用頻度が高いメディアはテレビニュースで68.6%が「毎日利用する」と回答している。「よく利用する」という回答を加えると9割を超えていることがわかる。同じテレビでも、ワイドショーや情報番組の利用頻度はそれより低いが、「毎日利用する」割合が2割前後、「よく利用する」割合を加えると6割前後という結果となった。新聞に関しては一般紙を「毎日利用する」割合が32.3%、「よく利用する」割合の27.7%を加えると約6割が新聞をよく利用する層である。それと同じくらい高い利用頻度となっているのが、インターネットのWebサイトである。インターネットのWebサイトは「毎日利用する」割合が30.5%、「よく利

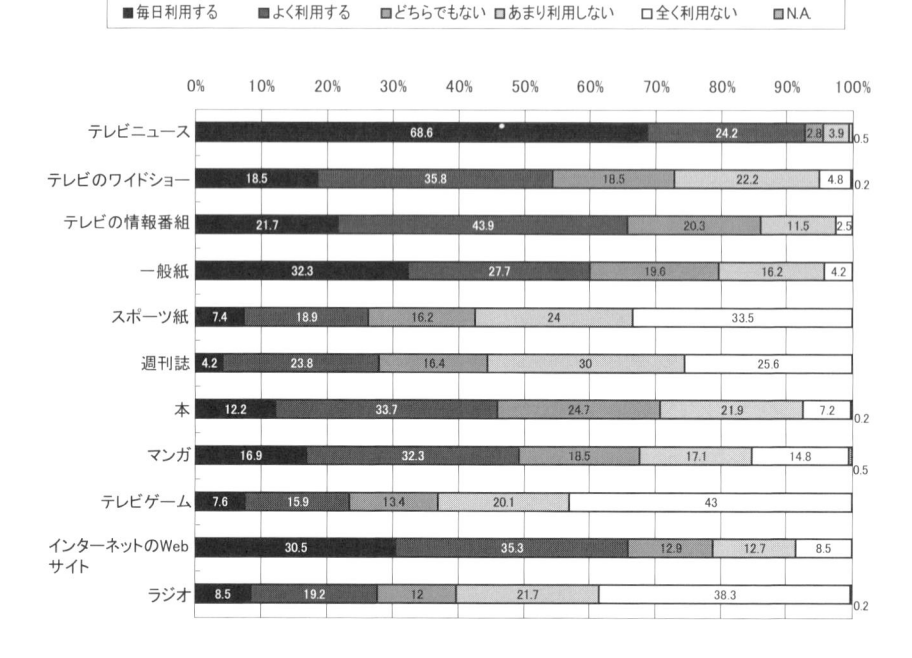

凡例	■毎日利用する ■よく利用する ■どちらでもない ■あまり利用しない □全く利用ない ■N.A

メディア	毎日利用する	よく利用する	どちらでもない	あまり利用しない	全く利用ない	N.A
テレビニュース	68.6	*		24.2	2.8	3.9 / 0.5
テレビのワイドショー	18.5	35.8	18.5	22.2	4.8	0.2
テレビの情報番組	21.7	43.9	20.3	11.5	2.5	
一般紙	32.3	27.7	19.6	16.2	4.2	
スポーツ紙	7.4	18.9	16.2	24	33.5	
週刊誌	4.2	23.8	16.4	30	25.6	
本	12.2	33.7	24.7	21.9	7.2	0.2
マンガ	16.9	32.3	18.5	17.1	14.8	0.5
テレビゲーム	7.6	15.9	13.4	20.1	43	
インターネットのWebサイト	30.5	35.3	12.9	12.7	8.5	
ラジオ	8.5	19.2	12	21.7	38.3	0.2

図表17 メディアの利用頻度 (福田, 2004a)

用する」割合の35.3%を加えると、65.8%の回答者が高頻度で利用していることがわかる。それに対して、週刊誌やスポーツ紙、テレビゲーム、ラジオといったメディアの利用頻度は相対的に低い傾向が見られた。このように、さまざまなメディア環境の中で、人々のメディア利用には一定の傾向があり、よく利用されるメディアと、あまり利用されていないメディアがある。

こうしたメディアの利用頻度に対して、同じようなメディアの項目に関してその信頼度を示したのが、図表18である。これを見ると最も信頼度の高いメディアは新聞で、「とても信用している」が44.3%、「やや信用している」の45.5%を加えると89.8%の回答者が、新聞を信用していると回答したことになる。テレビニュースへの信頼度も高いが、新聞への信頼度より低い結果となった。テレビニュースを「とても信用している」割合は30.7%、「やや信用してい

メディアへの信頼度

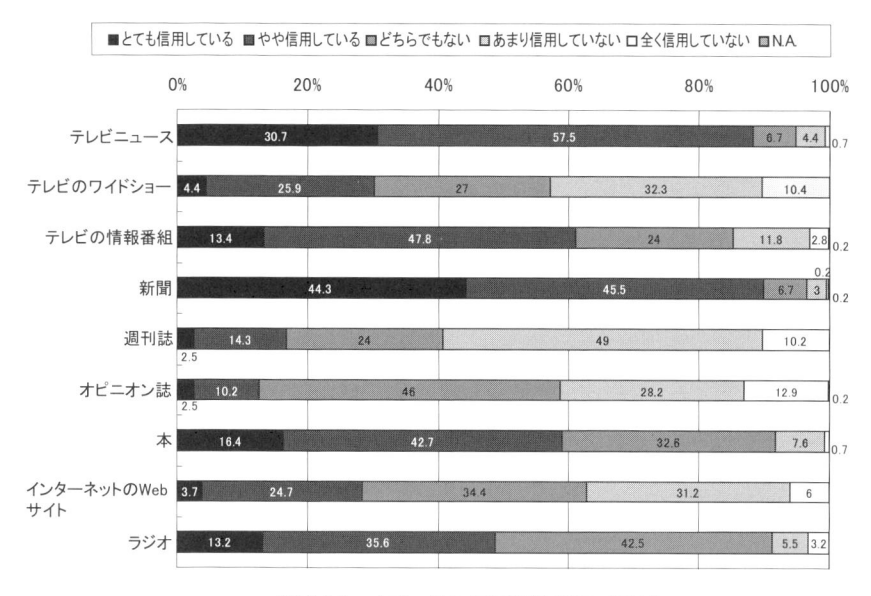

メディア	とても信用している	やや信用している	どちらでもない	あまり信用していない	全く信用していない	N.A.
テレビニュース	30.7	57.5		6.7	4.4	0.7
テレビのワイドショー	4.4	25.9	27	32.3	10.4	
テレビの情報番組	13.4	47.8	24	11.8	2.8	0.2
新聞	44.3	45.5		6.7	3	0.2
週刊誌	14.3	24	49	10.2	2.5	
オピニオン誌	10.2	46	28.2	12.9	2.5	0.2
本	16.4	42.7	32.6	7.6		0.7
インターネットのWebサイト	3.7	24.7	34.4	31.2	6	
ラジオ	13.2	35.6	42.5	5.5	3.2	

図表 18 メディアへの信頼度 (福田, 2004a)

る」割合の 57.5% と加えると 88.2% の回答者がテレビニュースを信用しているという傾向があるが、「とても信用している」という信頼度の強度において新聞の方がテレビニュースより優っているという結果になった。同じテレビでも、テレビのワイドショーを「とても信用している」割合は 4.4%、情報番組を「とても信用している」割合は 13.4% と、テレビのワイドショーや情報番組への信頼度は相対的に低い結果となった。このテレビのワイドショーと非常に似た傾向を示したのが、インターネットの Web サイトで、これを「とても信用している」割合は 3.7%、「やや信用している」割合は 24.7% で、インターネットへの信頼度はまだまだ低いことが明らかとなった。インターネットという媒体で全体をひとくくりにすることはすでに困難な状態であるため、今後はインターネットのコンテンツごとにその利用頻度や信頼度を調査する必要があるだろう。

ではこのようなメディアの利用頻度、信頼度の状況を前提として、人々はリ

スクに関する情報をどのようなメディアから普段入手しているのだろうか。リスクに関する情報を主に得ているメディアを、リスク項目ごとに回答してもらった結果を示したのが図表19である。これを見ると、すべてのリスク項目において、情報入手源の大半がテレビであることがわかる。具体的に見ると、テレビを情報入手源としている割合は、大地震やテロ事件で79%、戦争で74.4%、SARS等の伝染病で70.9%と7割台の数値を示している。人々は、リスクに関する情報を圧倒的にテレビに依存しているのである。続いて情報入手源として多かったのは新聞であるが、テレビと比較すれば、割合として非常に小さく、ほとんどのリスク項目で10%台にとどまっている。先ほどのメディアの利用頻度のグラフで見ると、テレビの中でも利用頻度はテレビニュースに集中しており、そのテレビニュースはメディアの信頼度としても新聞に次いで2番目に高

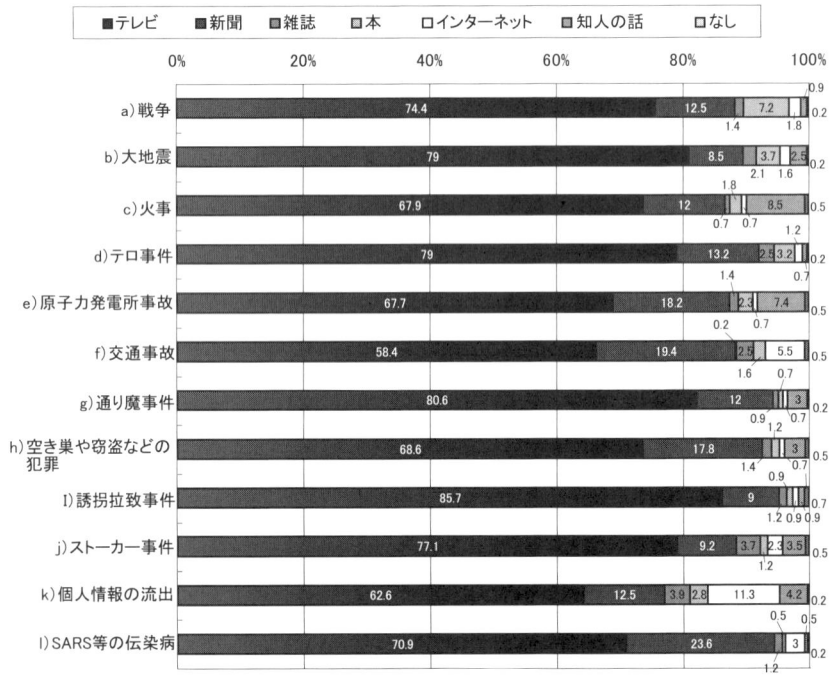

図表19 リスク項目に関する情報を主に得ているメディア（福田，2004a）

い信頼を得ている。この結果から、リスクに関する意識に対して大きな影響を与えているメディアはテレビであると推測される。テレビが、人々のリスク意識に影響を与えているのだろうか。

その仮説を証明するために、相関分析を行った。その結果をモデル化したものが図表20である。個別のリスク項目としてではなく、12項目のすべてのリスク項目を総合して全体的な傾向を見るために、この12項目のリスク不安の得点を足し合わせた合成変数「リスク不安」を作成した。そのリスク不安と、調査で質問したすべてのメディアとの間で相関分析を行ったところ、統計的有意差が見られたのは、図表20のモデルのようにテレビとインターネットのWebサイトだけであった。とくに、相関係数が0.2以上で、小さな相関関係が見られたのはテレビだけであった。やはり仮説のとおり、テレビ視聴とリスク不安の間には正の相関関係が検証された。つまり、テレビをより多く見ている人ほど、リスク不安を感じており、反対にテレビをあまり見ない人ほど、リスク不安を感じていないという相関関係である。

リスク不安とテレビ視聴の間には相関関係が見られた。その関係をさらに詳細に検討するために、メディアの中でもニュースや報道に関連する先ほどと同じ四つのメディアを独立変数とし、リスク不安を従属変数とした重回帰分析を

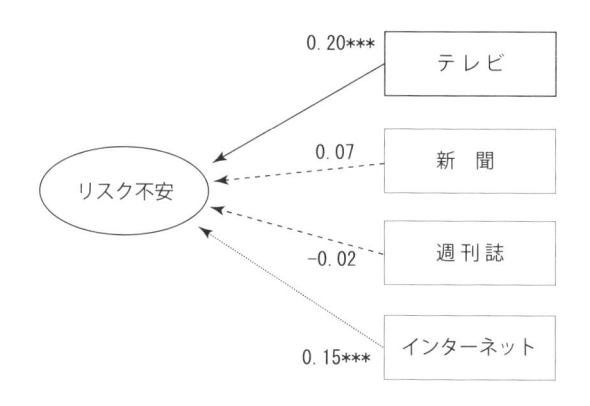

図表20 リスク不安とメディアの相関モデル（数値は相関係数, ***: p<0.001）

図表21　リスク不安とメディアに関する重回帰分析

	標準化係数β	t値	有意確率
独立変数			
テレビ	0.171	3.580	0.000
新聞	0.044	0.904	0.366
週刊誌	-0.064	-1.351	0.177
インターネット	0.176	3.630	0.000

従属変数： リスク不安　$R^2 = 0.110$　F=10.27　p<0.001

行った。その結果が、図表21である。分析の結果、リスク不安に影響を与えているメディアは、テレビとインターネットであることがわかった。この重回帰分析の結果から、テレビ視聴がリスク不安に影響を与えているという因果関係が措定される(標準化係数 $\beta = 0.17$, 有意確率0.1％水準)。現代人のリスク不安は、テレビによって大きな影響を受けているのである。こうして調査①のデータ分析により、理論仮説2が支持された。

Beck (1986) も、グローバル・リスク社会を構成している政治的な場は、街角ではなく、テレビであると指摘している。彼は、グローバル・リスク社会における政治的主体は、もはや労働者階層やその組織体である労働組合などではなく、産業社会の消費者であり、それを演出するテレビのオーディエンスであると述べている。リスク社会において、テレビは政治主体となるオーディエンスを形成するメディアなのである。

5.2　メディアからリスク意識への心理プロセス

こうして、テレビを中心にしたメディア利用とリスク不安の影響関係は解明することができた。それでは個別のリスクにおいて、メディアからの情報アクセスとリスク意識のプロセスの間にはどのような関係があるのだろうか。それを考察するために、次の別調査からのデータから検証を行いたい。

福田 (2006c) は東京都民を対象にした調査で、同じくさまざまなリスクに対

する不安度とメディア接触の関係を検証している。ここから、福田（2006c）による調査②のデータを紹介したい。この調査では、①鳥インフルエンザなどのウィルスや伝染病、②空き巣や窃盗などの犯罪、③交通事故の被害、④地震による被災、⑤外国からの攻撃による戦争、⑥携帯電話や家電製品から発する電磁波の影響、⑦テロや無差別殺人事件による被害、⑧近隣地域での大気汚染、騒音などの公害、⑨年金や社会保障が将来的に充分に支給されないこと、⑩個人情報やデータの流出、⑪自宅の耐震性、⑫アスベストによる健康被害、⑬原子力事故による被害の13項目からなるリスクに対する意識を調査した。先ほどの福田（2004a）の調査とはリスク項目が一致しているものと、異なるものが含まれているが、これはその時期によって社会で話題になっている社会問題に根ざしたリスクが変容するからである。福田（2006c）では、当時の日本で大きな社会問題となった年金、社会保障問題や、建築物の耐震性の問題を新しくリスク項目として追加した。

　これらのリスク項目に対する不安を示したのが図表22である。この調査の結果、リスクによってその不安度には程度の差が大きいことが判明した。2006年の段階で、最も不安度が高かったのは「年金・社会保障」問題で、55.5％が「とても不安を感じる」と回答し、34.7％が「やや不安を感じる」と回答しているように、その両方の数字を足し合わせると、9割を超える人々が年金・社会保障に不安を感じていることが明らかとなった。それとほぼ同程度の結果となったのが「地震」で、「とても不安を感じる」という回答が51.4％、「やや不安を感じる」という回答の39.6％と足し合わせるとやはり9割以上の人々が地震に対して不安を感じていることがわかった。続いて当時その流行が社会問題となっていた「鳥インフルエンザなどのウィルスや伝染病」に対する不安度も高く、「とても不安を感じる」（26.5％）、「やや不安を感じる」（54.7％）を合算すると不安度は8割を超えている。非常に身近なリスクである「交通事故」、「空き巣・窃盗犯罪」や「個人情報の流出」などの不安度も相対的に高いが、やはり当時、耐震偽装問題として社会的問題となった「自宅の耐震性」というリスクに対しても、「とても不安を感じる」（30.2％）、「やや不安を感じる」（39.2％）と

70

	とても不安を感じる	やや不安を感じる	あまり不安を感じない	全く不安を感じない
鳥インフルエンザなどのウィルスや伝染病	26.5	54.7	17.1	1.6
空き巣や窃盗などの犯罪	31.8	49.4	18.8	0
交通事故の被害	29.8	49.4	20.0	0.8
地震による被災	51.4	39.6	8.2	0.8
外国からの攻撃による戦争	16.3	40.8	37.6	5.3
携帯電話や家電製品から発する電磁波の影響	9.4	35.1	44.9	10.6
テロや無差別殺人事件による被害	22.4	47.8	25.3	4.5
近隣地域での大気汚染、騒音などの公害	20.8	43.7	31.4	4.1
年金や社会保障が将来的に充分に支給されないこと	55.5	34.7	8.2	1.6
個人情報やデータの流出	29.0	50.2	17.6	3.3
自宅の耐震性	30.2	39.2	27.8	2.9
アスベストによる健康被害	14.3	37.1	39.2	9.4
原子力事故による被害	16.3	35.9	37.1	10.6

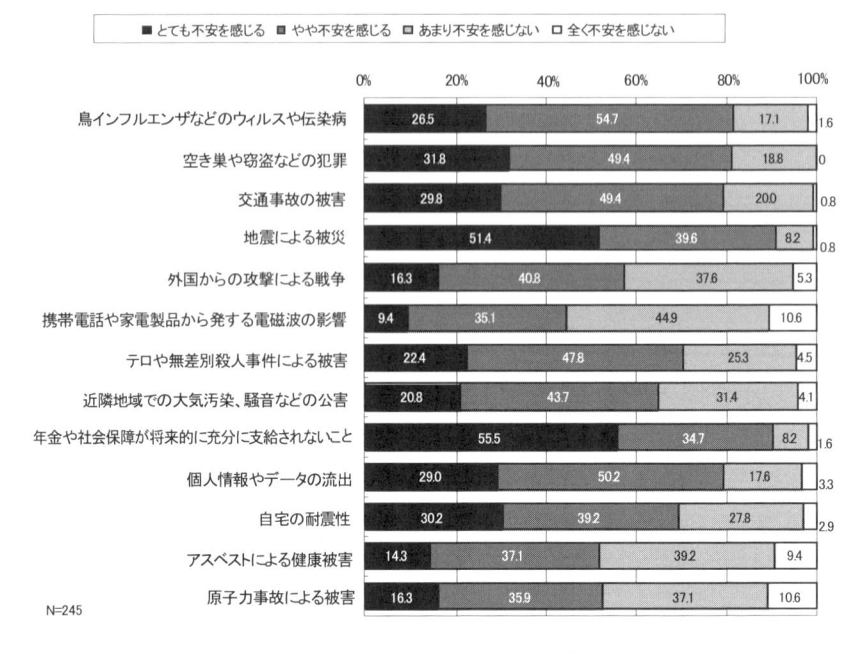

N=245

図表 22　リスクに対する東京都民の不安度（福田，2006c）

合算して 7 割近くの不安度が認められた。やはり発生頻度、生起確率の低いリスクである「戦争」や「原子力発電所事故」などのリスクに対する不安度は相対的に低い傾向が見られたが、それらの数値と比べると、「テロ」に対する不安度は「とても不安を感じる」（22.4％）、「やや不安を感じる」（47.8％）を足し合わせて 7 割近くの高い不安が存在することが明らかになった。2001 年の 9.11 テロ事件以降、日本政府はアメリカと呼応して「対テロ戦争」、「テロとの戦い」と協力関係にあり、テロリズムや戦争などの有事を想定した国民保護法制が構築されていた当時、日本国内で大きなテロ事件は発生していなかったものの、国民の中には不安が広がっていたことがわかる。

　これらのリスクに対する不安度のデータを多次元尺度法（MDS）によって分析した結果が、図表 23 である。この MDS モデルを見ると、携帯電話の電磁波や耐震性のリスクが他のグループとはかけ離れた独立したリスクであることが

誘導された刺激布置
ユークリッド距離モデル

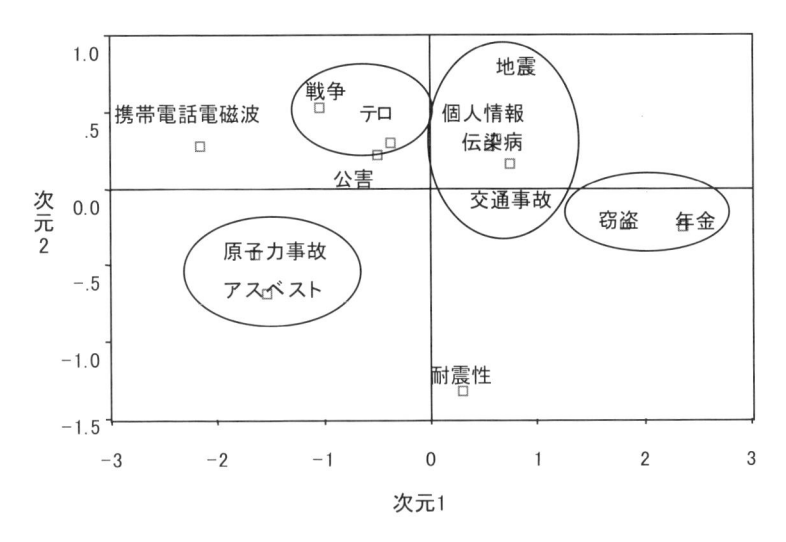

図表 23　リスクに対する不安度の多次元尺度法分析モデル（MDS）（福田，2006c）

わかるが、その他には大きく分けて四つのリスクのグループにまとまることがわかった。一つ目のグループはテロや戦争という政治的な有事に関わるリスクである。二つ目のグループは、年金・社会保障問題や空き巣・窃盗犯罪など日常生活の経済的打撃に関するリスクである。三つ目のグループには、最も大きく雑多なリスクが混在しているが、伝染病、交通事故、地震、個人情報の流出などが含まれる。四つ目のグループは原子力発電所事故やアスベスト問題など、環境問題的なリスクによって形成されている。このように一般市民の中にある社会心理学的存在であるリスク不安には、一定の構造があることがわかる。

また、これら 13 項目すべてのリスクに関する不安度の変数を総当たりで相関分析したところ、これらほぼすべてのリスク項目同士の間で、正の相関関係が存在することが明らかになった。その中でもとくに相関関係の強かったリスク不安度の変数をモデル化したのが図表 24 である。つまり、原子力に対する不安

72

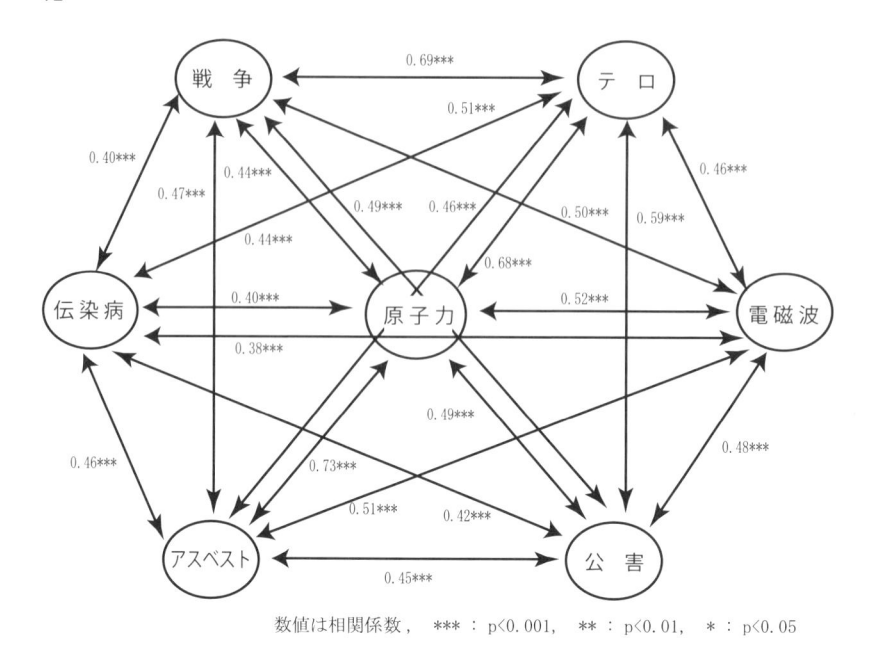

図表24 リスクへの不安度に関する相関モデル図 (福田, 2006c)

数値は相関係数, ***：p<0.001, **：p<0.01, *：p<0.05

　が強いほど、戦争やテロや伝染病や公害などのリスクに対する不安度も強いという関係である。これは、多次元尺度法（MDS）でグループ化されたリスクの関係を超えて、横断的かつ網羅的にリスクへの不安度が密接に結びついていることを示している。つまり、リスクに対して不安を感じている人は、ある特定のリスクに限定して不安を抱いているわけではなく、さまざまなリスクに対して総じて不安を感じ、たくさんのリスクに囲まれた不安な生活を送っていることがわかる。リスク不安を持つ人々にとっては、すでにあらゆるものがリスクの対象なのである。

　では、人々はこれらのリスクに関する情報に関してメディアにどの程度アクセスしているのだろうか。福田（2006c）の調査における、リスク項目への情報アクセスについて示したのが、図表25である。人々が普段の生活においてメディアからこれらリスク項目に対する情報にどの程度アクセスしているかを明

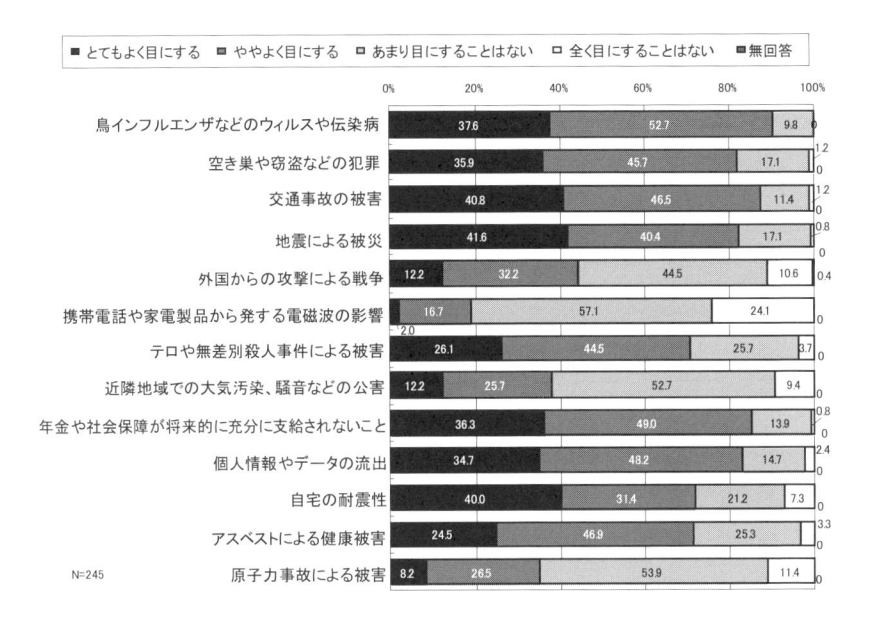

5章 リスク・コミュニケーションとメディア　73

リスク項目	とてもよく目にする	ややよく目にする	あまり目にすることはない	全く目にすることはない	無回答
鳥インフルエンザなどのウィルスや伝染病	37.6	52.7	9.8		0
空き巣や窃盗などの犯罪	35.9	45.7	17.1		1.2
交通事故の被害	40.8	46.5	11.4		1.2
地震による被災	41.6	40.4	17.1		0.8
外国からの攻撃による戦争	12.2	32.2	44.5	10.6	0.4
携帯電話や家電製品から発する電磁波の影響	16.7	57.1	24.1		0
テロや無差別殺人事件による被害	26.1	44.5	25.7	3.7	2.0
近隣地域での大気汚染、騒音などの公害	12.2	25.7	52.7	9.4	0
年金や社会保障が将来的に充分に支給されないこと	36.3	49.0	13.9		0.8
個人情報やデータの流出	34.7	48.2	14.7		2.4
自宅の耐震性	40.0	31.4	21.2	7.3	0
アスベストによる健康被害	24.5	46.9	25.3		3.3
原子力事故による被害	8.2	26.5	53.9	11.4	0

N=245

図表 25　リスクに対するメディアからの情報アクセス（福田, 2006c）

らかにするため、これらのリスク項目に関する情報をメディアから「とてもよく目にする」、「ややよく目にする」という回答率を足し合わせた数字を、情報への「アクセス率」の数値として考察したい。このグラフを見ると、2006 年調査の段階では、メディアからの情報アクセス率が最も高かったのは、「鳥インフルエンザなどのウィルス」（アクセス率 90.3％）であった。「年金・社会保障問題」もアクセス率 85.3％と非常に高く、また非常に珍しいリスクであるにも関わらず「自宅の耐震性」についてもアクセス率 71.4％と高い割合を示していることがわかる。この三つの問題は、先ほど述べたとおり、当時の日本社会で発生した非常に大きな社会問題であり、テレビや新聞などのメディアが連日大量の報道を行ったため、人々の情報アクセス率も高まったと考えられる。本来、これら三つのリスクは、実際にウィルスが拡大したり、年金制度、社会保障制度のトラブルや、耐震偽装事件が実際に発生しなければ、人々の意識の中には顕在

化しないリスクである。にもかかわらず、他の一般的な自然災害や、大規模事故、テロや戦争などの有事を抑えて、これら三つのリスクへの不安度や情報アクセスが高いということは、当時の政治的状況において、またメディアによってこれら三つのリスクが重要な社会問題として議題設定（agenda setting）されていたことが想定される。ここにも、リスク意識とメディアの関係が見て取れる。そしてこの現象は、第2章でも紹介した、メディアによるリスクの社会増幅理論によっても説明される。耐震偽装問題は、発覚する以前から潜在的に存在しており、同時に年金問題も社会保険庁の実態と年金破綻の危機は以前から潜在的に存在していた事実である。それらが発覚したことによりメディアの報道がこの問題に集中し、耐震偽装問題や年金問題にフォーカスが当てられ、より多くメディア報道されることによって、人々の心の中でこれらのリスクが顕在化した。こうしたメディア・スクラム（集団的過熱報道）によって、これらのリスクは社会的に顕在化したのである。隠されていた問題を社会に暴き出し、問題を是正するためには、このようなメディアのジャーナリズム機能は非常に重要であり、強い影響力を持つ。この効果過程はリスクの社会増幅理論によって説明できる現象であり、その効果、影響を発生させたのはメディアであると想定できる。

その他に、一般的なリスクである交通事故のアクセス率が87.3%と高く、空き巣や窃盗などの犯罪（81.6%）、地震（82%）などがアクセス率8割を超えるリスクである。こうした犯罪や事故、災害は日本中で頻発しており、そのためメディア報道も多く、人々がメディアを通じてアクセスする機会も多い。それに対して、やはり日本社会においては発生頻度、生起確率の低い「戦争」（44.4%）や「原子力発電所事故」（34.7%）に関するアクセス率は低い傾向が見られる。そして不安度での傾向と同じく、これらの戦争や原発事故と比べると、テロに対する情報アクセス率（70.6%）は相対的に高い傾向が見られた。これらの情報は、日本国内の報道に限らず、世界で発生している戦争やテロに関する報道へのアクセスが多く含まれていると考えられる。

次に、同じ13項目のリスクに対して、人々がどの程度の関心を持っているの

か、その関心度を示したのが図表26である。このグラフを見ると、全体的にリスクに対する関心度の割合は高いことがわかる。その中でも関心度の高いリスクは、地震（「とても関心がある」の61.6%と、「やや関心がある」の33.9%を足し合わせて95.5%。以下同様の合算した数値を示す）、鳥インフルエンザなどのウィルスや伝染病（92.3%）、年金・社会保障（91.5%）、などで関心度は9割を超え、さらにテロ（80.8%）、自宅の耐震性（84.5%）なども関心度8割を超えていることがわかる。これらの関心度の高さは、リスクに対するメディア接触、情報アクセスによって引き起こされ、不安度を高めることに関連していることが想定される。それでは、リスクに対するこれらの意識はどのような関係にあるのだろうか。

2006年の調査②ではこうしたリスクに対する①リスク不安、②リスク認知、③情報アクセス、④関心度についてデータ化しているが、これらの変数がどの

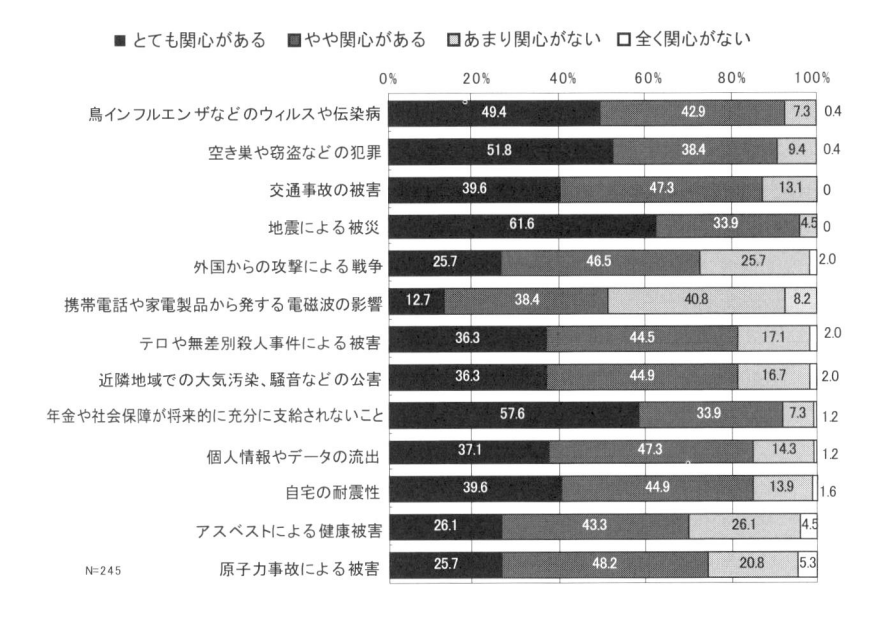

図表26　リスクに関する関心度（福田, 2006c）

図表27 テロに対するリスク・コミュニケーションの相関モデル（福田，2006c）

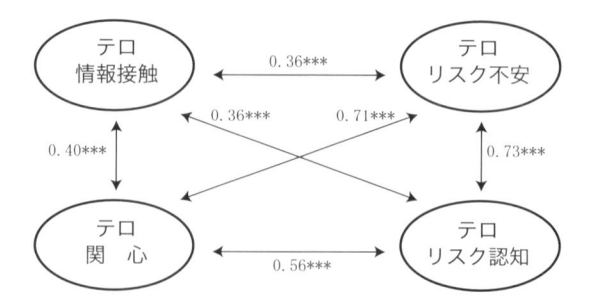

数値は相関係数，***:p<0.001, **:p<0.01, *:p<0.05

ような関係にあるか、すべてのリスク項目において分析し、検証を行った。その結果、すべてのリスクにおいてほぼ共通の構造が明らかになった。すべてのリスクについて示すことができないため、本書のリスクの中でも中心的な問題の一つであるテロに関する意識を例にとって分析した結果をここで考察したい。

テロに対する意識のうち、①リスク不安、②リスク認知、③情報アクセス、④関心度の4変数を相関分析した結果、得られたモデルが図表27である。このモデル図のように、これら四つの変数間のすべての関係において高い正の相関関係が見られた。

一つひとつの変数で見ると、テロに対するリスク不安は他の三つの変数すべてと正の相関関係にある。とくに、テロの関心度との相関係数が0.71、テロへのリスク認知との相関係数が0.73と非常に高い相関関係が見られた。つまり、テロへの情報アクセスが高いほどテロの不安度は高く、またテロへの関心度が高いほどテロへの不安度も高く、テロへのリスク認知が強いほどテロへの不安度が高いことが明らかになった。このように、他の三つの変数も同様な傾向で正の相関関係のもとに結びついている。

また、こうしたリスクに対するリスク不安とリスク認知、情報アクセスと関心度の間に相関関係が見られる構造は、テロというリスクだけに見られる構造

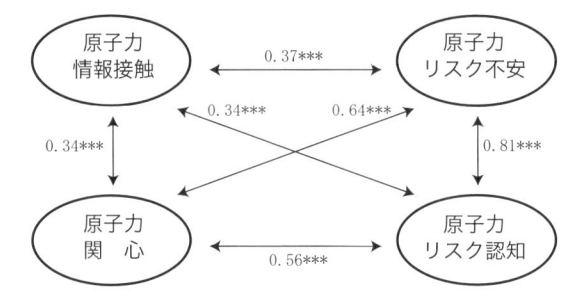

図表28　原子力に対するリスク・コミュニケーションの相関モデル（福田，2006c）

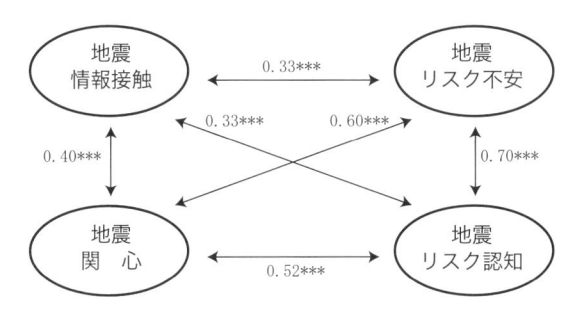

図表29　地震に対するリスク・コミュニケーションの相関モデル（福田，2006c）

ではなかった。他のリスクで同じ相関分析を行ったところ、やはりすべてのリスクにおいて、これと同じ構造があることが確認された。例えば、原子力事故のリスクに対する相関モデルが図表28、地震のリスクに対する相関モデルが図表29であるが、テロのリスクに関する相関モデルと比べて、相関係数にやや小さな差は見られるものの、全く同じ構造にあることがわかる。つまり、このようなリスク不安と情報アクセスに関するモデルは、リスクの種類を問わず、人々の意識の中で一定であるということが解明されたといえる。

　しかしながら、この相関関係だけでは因果関係を検証することはできない。テロリズムに関するこれらの四つの変数がどのような因果関係によって構造化されているのかを検証するために、これら四つの変数を用いたパス解析モデル

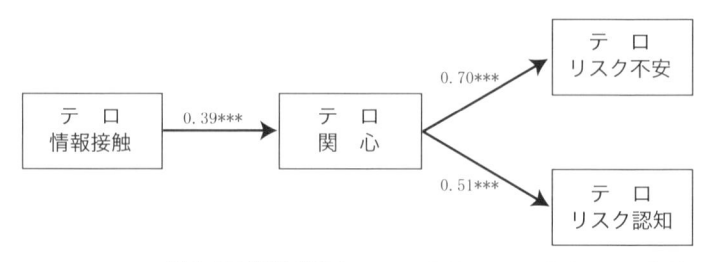

```
            0.70***    ┌─────────┐
         ┌─────────────│ テ ロ   │
┌─────┐  │             │リスク不安│
│テ ロ│0.39***┌─────┐  └─────────┘
│情報 │──────│テ ロ│
│接触 │      │関 心│  ┌─────────┐
└─────┘      └─────┘──│ テ ロ   │
            0.51***    │リスク認知│
                       └─────────┘
```

※ 数値は標準化係数 β，***：p<0.001，**：p<0.01，*：p<0.05

図表 30　テロのリスク・コミュニケーションに関するパス解析モデル（福田，2006c）

を構築した（図表30参照）。このモデル中の数値は、標準化係数 β である。このモデルを見てわかるように、テロリズムに関するメディア報道への情報アクセスがテロへの関心度を高め、そのテロへの関心度がテロへのリスク不安やリスク認知を高めるという流れの因果関係が存在することが明らかとなった[27]。つまり、リスクへの情報アクセスが直接、リスク不安やリスク認知を高めるのではなく、その間にリスクへの関心度という変数が媒介することが証明されたのである。つまり、リスクに関するメディア報道に接することによって、受け手のリスクに対する関心度が高まり、その関心度が高まることで、リスクに対する不安や認知という意識が顕在化するという心理的過程が明らかとなった。

　これはテロというリスクだけに特異な過程ではなく、他のリスクにおいても全く同じ構造が見られた。先ほどの相関モデルと同様に、このパス解析もすべてのリスクに関して分析したところ、図表30のテロと全く同じパス解析モデルが形成されたのである。その一例として、原子力事故に関するリスク・コミュニケーションのパス解析モデルを示したのが図表31、同じように地震に関するリスク・コミュニケーションのパス解析モデルを示したのが図表32である。これを見てわかるように、テロに関するリスク・コミュニケーションのパス解析モデルと全く同じモデルであることがわかる。つまり、リスクに対する心理的過程はどのようなリスクに対しても同じ構造を持つのである。

　こうして、リスクについて扱ったメディアのリスク・メッセージによって、

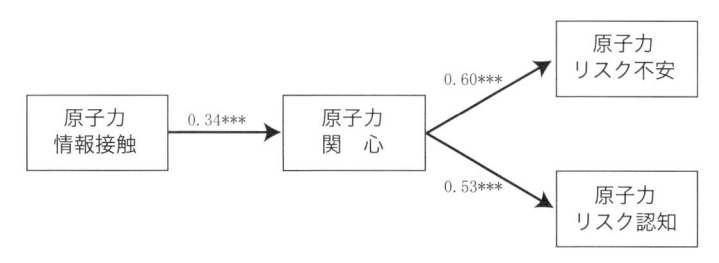

```
        原子力情報接触 --0.34***--> 原子力関心 --0.60***--> 原子力リスク不安
                                          --0.53***--> 原子力リスク認知
```

※ 数値は標準化係数β，*** : p<0.001，** : p<0.01，* : p<0.05

図表31 原子力のリスク・コミュニケーションに関するパス解析モデル（福田，2006c）

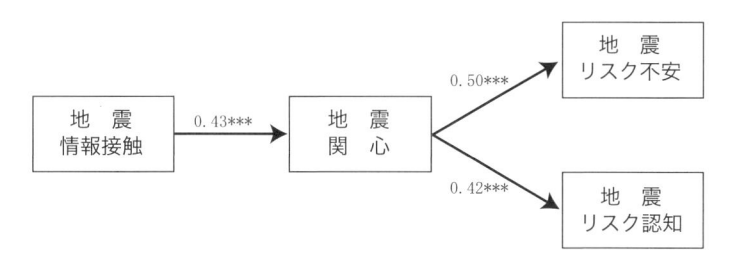

```
        地震情報接触 --0.43***--> 地震関心 --0.50***--> 地震リスク不安
                                       --0.42***--> 地震リスク認知
```

※ 数値は標準化係数β，*** : p<0.001，** : p<0.01，* : p<0.05

図表32 地震のリスク・コミュニケーションに関するパス解析モデル（福田，2006c）

オーディエンスのリスクに対する関心が高まり、リスクへの関心が高まることによって、リスク認知とリスク不安が顕在化し、強化されるというリスク効果モデルが明らかとなった。つまり、メディアはオーディエンスのリスク認知やリスク不安に対して、関心度という変数を媒介にしながら間接的に影響を与えているのである。そうした因果関係が調査②のデータ分析によって検証された。よってこの調査においても、理論仮説2は支持されたといえる。

5.3 メディア広告とリスク不安

これまでの調査データで見たように、人々のリスク認知やリスク不安の強度は社会状況によって、そして時期によって変容する。それはその時期にどのよ

うな事件や社会問題が発生したか、メディアがどのようなリスクに対して重点的に報道を行ったかなどの影響を受けていると仮定できる。しかしながら同時に、リスク意識の構造やプロセスについては、どのようなリスクにおいても一定であることも明らかになった。メディア利用が社会的関心を喚起し、そのリスクへの関心度が高まることによってリスク不安が増大するという構造が明らかとなった。

そのリスク意識に影響を与えるメディア利用についても、これまで調査結果をもとに考察したとおりである。そこでは、テレビニュースやテレビのワイドショー、情報番組、新聞の一般紙、スポーツ紙や週刊誌など幅広いメディアの影響を考察した。しかしながら、現代におけるリスク意識に影響を与えるメディア・コンテンツとして、他にもテレビCMや新聞広告などの広告という変数があることを忘れてはならない。

福田ら (2005) は、Beck (1986) の「リスク社会」の概念をさらに敷衍して、現代社会をメディアとオーディエンスが創り出す「リスク消費社会」と規定した。リスク・コミュニケーションにはさまざまな形があるが、メディアを通じて送り手がリスクを提示し、そのリスクに対して受け手が危機感や不安感を感じるという恐怖説得コミュニケーションもまたリスク・コミュニケーションの一つのあり方である。その送り手とコンテンツは、メディアやそれが報道するニュース番組や記事とは限らない。現代社会において、テレビCMや新聞広告などの広告メディアにおいても、リスク・メッセージが多用され、消費者の購買意欲を高める戦略が一般化し、増加しつつあることを、福田ら (2005) はテレビCMの内容分析によって検証した。具体的にわかりやすく述べれば、こういうレトリックである。「世の中には危険やリスクがいっぱいあります。しかし、この商品を使えばこんなに安全で、安心して暮らせます。」リスクに対する不安を喚起しておいて、その不安を解消させるための商品を売りつけるという、マッチポンプ的なアプローチである。これまでリスク・メッセージが一般的に使用されてきた保険、マイホームなどの商品だけでなく、現在では車も、化粧品も、食品もさまざまな商品がこうしたリスク・メッセージによって広告され

るようになった。これは日本だけでなく、欧米諸国でも同じ傾向があり、Beck が指摘するように資本主義の進化とグローバリズムによって促進されたリスク社会がもたらした帰結であると考えられる。日常生活のあらゆるものがリスクの対象となり、そのリスクを回避できる「安全・安心」が確保された商品、サービスが求められる社会となったのである。こうした社会状況を広告業界も察知した上で、広告業界ではリスク・メッセージによる広告が増加したのである。メディアによってリスク意識が高められながら、そのリスク意識を形成する不安感や危機感を回避するために、安全な安心できる商品、サービスを売りつけるというマッチポンプ的な役割を果たしているのが現代のリスク広告である。このようなリスク社会の展開を、福田ら（2005）は「リスク消費社会」と呼んだのである。

　この節では、この福田ら（2005）の調査③のデータから人々のリスク意識とメディア利用の関係を検証したい。この調査③における調査回答者のメディア利用の状況について見ると、テレビの1日当たりの視聴時間は図表33のような結果となった。最も多かったのは4時間以上の29.6％である。「3時間以上～4時間未満」が22.4％、「2時間以上～3時間未満」が25.5％と、1日当たり2時間以上テレビを見ている回答者の総計は77.5％という結果となった。圧倒的多数の人々が1日に2時間以上のテレビを見ているということが明らかとなった。また、新聞の1日当たりの講読時間を見ると（図表34）、これは「30分程

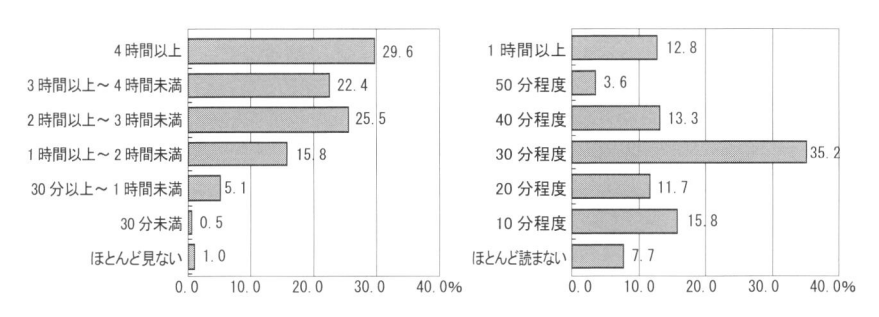

図表33　テレビの1日当たりの視聴時間　　図表34　新聞の1日当たりの講読時間

度」という回答が 35.2% と最も高い結果となった。これらはともに、他のメディア利用調査の代表例である NHK 国民生活時間調査や、東京大学社会情報研究所（現・東京大学大学院情報学環）がこれまで実施してきた日本人のメディア利用調査の傾向に合致している。

そしてこの調査の回答者がテレビや新聞、雑誌やインターネット等のメディアにおける広告をどの程度見ているか、その程度を示したのが図表 35 である。このグラフを見ると、よく見られている広告は、「とてもよく見る」という回答の数値で見るとテレビ CM（56.1%）、新聞広告（40.8%）、新聞の折り込みチラシ（39.3%）、電車やバスにおける車内広告（31.1%）となっている。「ときどき見る」という回答の結果と合算すると非常に高い割合で、各種メディアの広告が見られていることが明らかになった。

このようなメディア利用状況、とくにメディア広告の利用状況の中で、人々はさまざまなリスクに対してどのようなリスク意識を持っているのだろうか。福田ら（2005）は、20 項目からなるリスク意識についてその不安度を調査した。そのリスク項目は、①詐欺やマルチ商法の被害、②ウィルス感染、伝染性病気

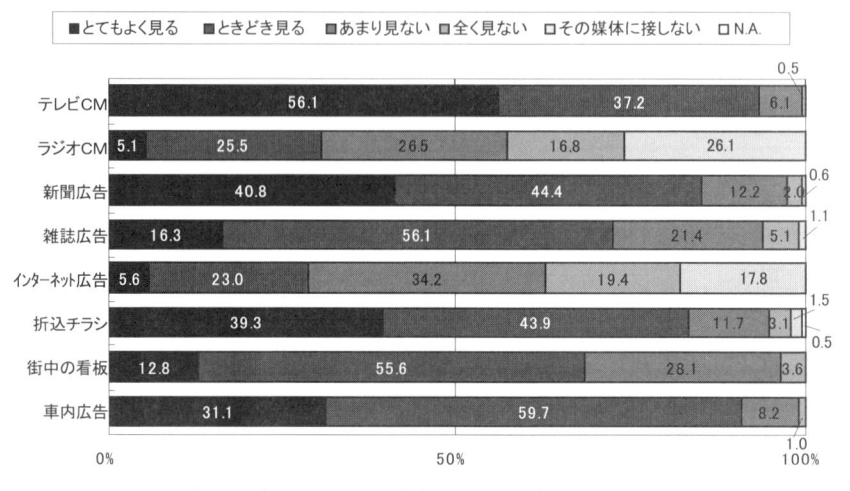

図表 35　各種メディアの広告への接触頻度（福田ら，2005）

の罹患、③空き巣や窃盗などの犯罪にあうこと、④交通事故の加害・被害、⑤化学物質の健康への影響、⑥地震・台風など自然災害の被災、⑦外国からの攻撃による戦争、⑧火事による被害、⑨携帯電話や家電製品からの電磁波、⑩自身や高齢家族の老後の生活、⑪テロや無差別殺人事件による被害、⑫大気汚染、騒音などの公害、⑬病院での医療ミスや院内感染の被害、⑭失業や倒産による家庭生活の行き詰まり、⑮年金や社会保障が充分なされない恐れ、⑯自分や親戚の子どもの教育やしつけ、⑰個人情報やデータの流出と勝手な利用、⑱収入減による家庭生活への影響、⑲生活習慣から生じる成人病などの病気、⑳原子力施設事故による放射能汚染被害の20項目である。

これらの20項目からなるリスクに対する不安度を調査した結果、図表36の

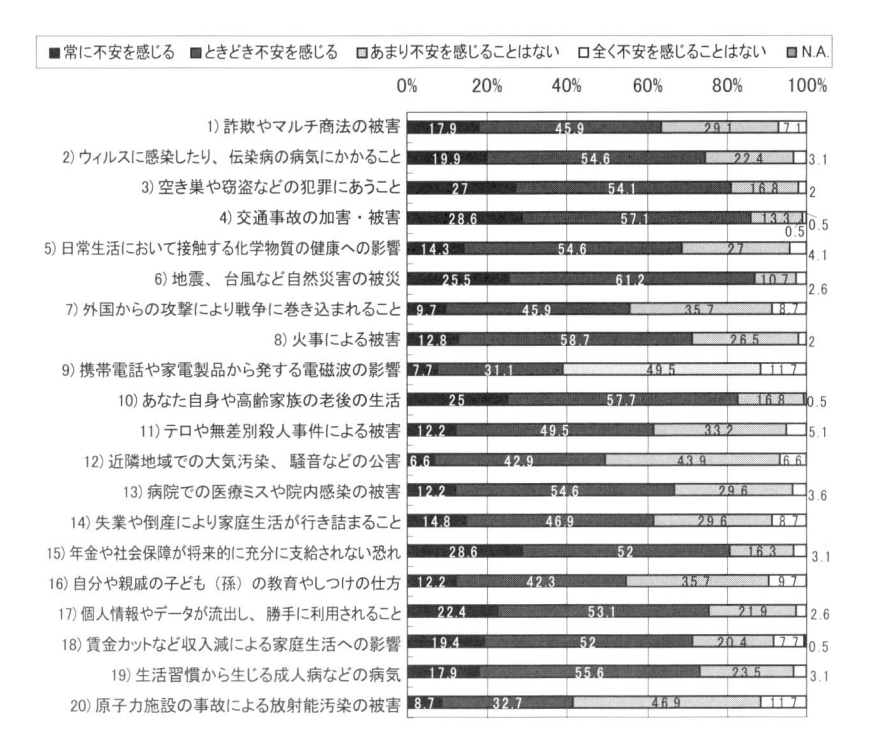

図表36　2004年調査における20項目のリスクに対する不安度（福田ら, 2005）

ような結果が得られた。このリスク不安を見ると、この調査の時点では、年金や社会保障に対する不安や、自分自身や家族の老後の心配などの日常生活に根ざした経済状況に関するリスクに対する不安が強い傾向が見られた。これらは、「常に不安を感じる」と「ときどき不安を感じる」の値を足し合わせると、8割を超える不安度を示している。他にも、一般的な調査でよく高順位に上がることの多い、交通事故や、地震・台風などの自然災害に対する不安度も高くなっている。これらも合算した不安度では8割を超えている。この時期の調査として特徴的なのが、個人情報保護の問題が話題となった個人情報の流出や、SARSなどが世界的な問題となったウィルス・伝染病への不安という、当時社会問題となっていたリスクに対する不安が高い値を示していることである。こうした

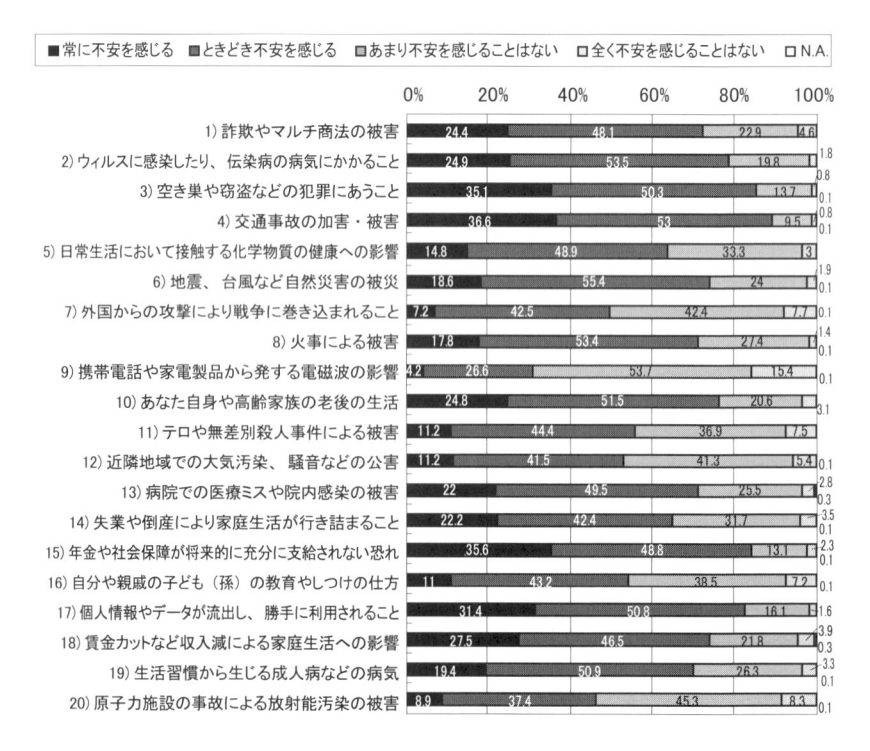

図表37　2003年調査における同じ20項目のリスクに対する不安度（福田ら，2005）

リスク不安の傾向は、当時の世相を反映していると想定できる。

この福田ら（2005）による調査は、東京近郊の成人男女を対象にした質問紙調査であるが、このちょうど1年前にも、全く同じ20項目からなるリスクに対する不安度を、より精度の高い全国調査において検証している。その調査は、この研究で助成を受けた財団法人吉田秀雄記念事業財団が株式会社電通を通じて実施している消費者を対象としたオムニバス調査を利用したものである。このオムニバス調査では、調査③のプレ調査という位置づけで全く同じ20項目のリスクに対する不安度を調査している。その結果を示したのが前頁の図表37である。この結果を見ると、1年の時期の差、また東京近郊の調査と全国調査という調査エリアの差、標本抽出法の差などがあったにもかかわらず、この二つ

図表38　20項目のリスク項目による因子分析 (福田ら, 2005)

	1. ハザード	2. アクシデント	3. ライフ
化学物質の健康への影響	0.669	0.334	0.133
原子力施設事故による放射能汚染被害	0.667	0.226	0.263
携帯電話や家電製品からの電磁波	0.656	0.082	0.044
病院での医療ミスや院内感染の被害	0.621	0.318	0.232
大気汚染、騒音などの公害	0.603	0.299	0.175
テロや無差別殺人事件による被害	0.580	0.354	0.206
外国からの攻撃による戦争	0.553	0.392	0.096
空き巣や窃盗などの犯罪にあうこと	0.201	0.784	0.057
交通事故の加害・被害	0.164	0.606	0.202
詐欺やマルチ商法の被害	0.189	0.571	0.168
ウィルス感染、伝染性病気の罹患	0.449	0.566	0.089
火事による被害	0.341	0.547	0.195
地震、台風など自然災害の被災	0.352	0.494	0.177
生活習慣から生じる成人病などの病気	0.280	0.432	0.262
個人情報やデータの流出と勝手な利用	0.312	0.364	0.167
失業や倒産による家庭生活が行き詰まり	0.104	0.109	0.791
収入減による家庭生活への影響	0.019	0.135	0.786
年金や社会保障が充分されない恐れ	0.273	0.133	0.612
あなた自身や高齢家族の老後の生活	0.184	0.176	0.567
自分や親戚のこどもの教育やしつけ	0.150	0.276	0.337

因子抽出法：主因子法、回転法：Kaiserの正規化を伴わないバリマックス法

の調査結果は非常に近い結果にあることがわかる。相関分析をしたところ、この二つの調査結果にはピアソンの積率相関係数において、r.＝0.924という高い正の相関関係が見られた。つまり、この二つの調査はほぼ同じ傾向を示しているということである。このことからも、この2004年の調査③の結果には信頼性があることが示された。

　そこで再び、福田ら（2005）の調査③のデータに戻り、リスク不安の構造について考察を行いたい。これらのリスク不安に関する回答を因子分析（主因子法・バリマックス回転）した結果、図表38のような結果となった。この因子分析の結果、三つの因子が抽出された。リスク不安にはテロや戦争、公害などからなる①「ハザード」系リスク、交通事故や火事、空き巣などの窃盗や災害などからなる②「アクシデント」系リスク、失業や収入減、年金問題などからなる③「ライフ」系リスクなどの3タイプのリスク不安が存在することが明らかになった。

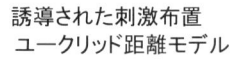

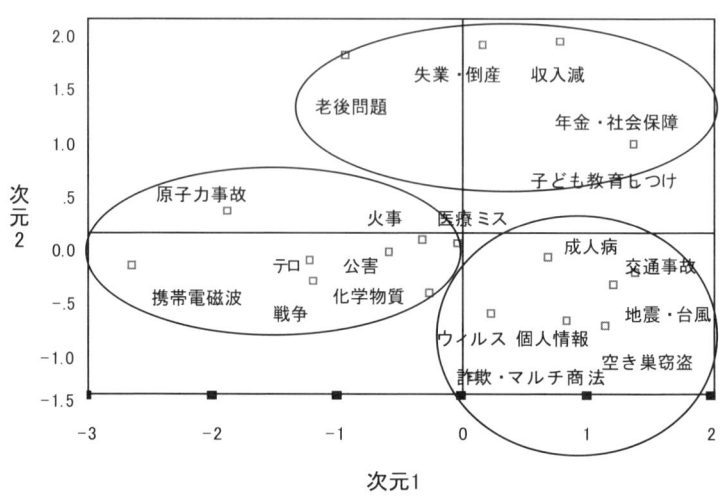

図表39　リスク不安に関する多次元尺度法（MDS）モデル

このハザード系リスク、アクシデント系リスク、ライフ系リスクの三つのパターンは、多次元尺度法（MDS）分析を用いると、図表39のような2次元のモデルとなる。こうした異なる分析手法でも、多様な尺度のグループ化が可能である。人々のイメージ布置において、リスクに対する不安度はこのように構造化されていることがわかる。

また、社会問題への関心度を測るため、①政治問題、②経済問題、③国際関係問題、④高齢社会問題、⑤教育問題、⑥職場での人間関係、⑦趣味・レジャー、⑧家族関係の問題、⑨健康問題、⑩身だしなみ、⑪ファッションの11項目の問題に対する関心度を質問し、その結果を因子分析（主因子法・バリマックス回転）した結果、図表40のように「政治経済」因子、「消費レジャー」因子、「身近な問題」因子、「高齢社会」因子の4因子が構成された。

他にも数多くの心理尺度による質問を因子分析（主因子法・バリマックス回転）した結果、流行に対して敏感な「流行関心」因子、自分や社会の現状に対して否定的かつ不安の高い「現状否認」因子、社会に対して積極的な姿勢を持つ「積極チャレンジ」因子、自分の生活や人生の設計や目標を持っている「着実」因子の4因子が構成された。

こうしてこの調査で得られた①リスク不安因子と、②メディア広告接触、③社会的関心度因子、④心理尺度因子の四つの変数を用いて、これらの変数の構造を解明するため、共分散構造分析を行った。

図表40　社会問題への関心度に関する因子分析 (福田ら, 2005)

	1政治経済	2消費レジャー	3身近な問題	4高齢社会
政治問題	0.845	-0.030	0.147	0.059
経済問題	0.767	-0.030	0.066	0.123
国際関係問題	0.693	0.030	0.167	0.227
ファッション	-0.005	0.939	0.094	0.024
身だしなみ	-0.039	0.800	0.197	0.082
趣味、レジャー	-0.001	0.257	0.252	0.056
家族関係の問題	0.067	0.106	0.901	0.049
健康問題	0.139	0.142	0.505	0.318
教育問題	0.252	0.007	0.373	0.156
職場での人間関係	0.092	0.170	0.373	-0.047
高齢社会問題	0.291	0.087	0.111	0.687

この研究で中心的な存在である①リスク不安に関しては、先に示した因子分析結果から抽出された3因子を用いて、ハザード系因子の潜在変数、アクシデント系因子の潜在変数、ライフ系因子の潜在変数をそれぞれ構成した。それぞれの因子に負荷量の高かった項目をその潜在変数の観測変数として用いている。また、そのリスク不安に影響を与えていると推測される②メディア広告接触に関しては、広告接触という潜在変数の中に、テレビCM、ラジオCM、新聞広告、雑誌広告、インターネット広告、折り込みチラシ、看板、電車内広告という観測変数をそのまま利用している。さらに、③社会的関心度に関しては、図表40のように因子分析によって抽出された4因子において負荷量の高い質問項目得点を足し合わせた新たな4変数を作成し、それら4変数を政治関心、消費レジャー、身近な問題、高齢社会という四つの観測変数として、モデル内に示した。④心理尺度因子に関しては、因子分析によって得られた4因子である流行関心因子、現状否認因子、積極チャレンジ因子、着実因子を潜在変数と

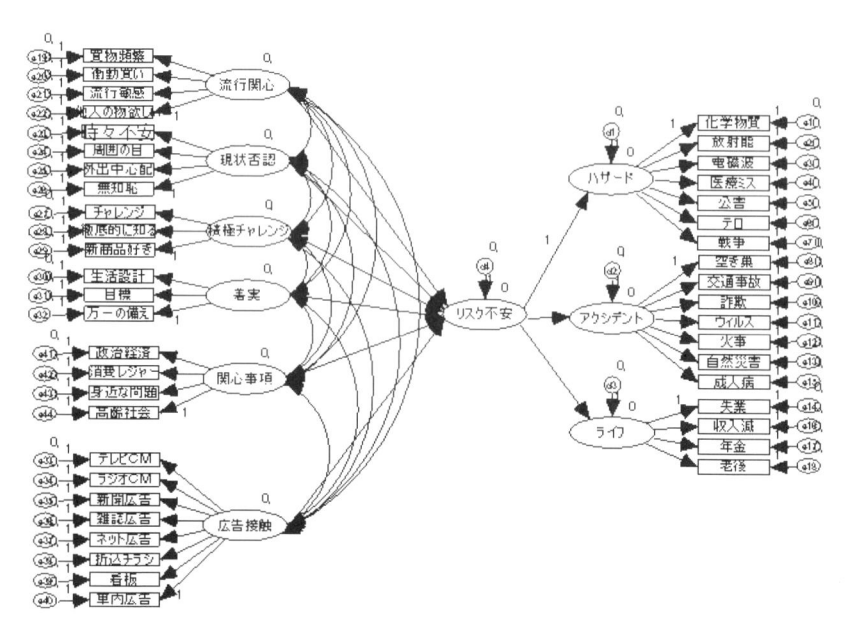

図表41　リスク不安と広告接触、関心、心理尺度の関係における基本モデル

し、それぞれの因子に 0.4 以上の負荷量を持つ項目をその潜在変数の観測項目とした。以上の手続きによって、作成した基本となる共分散構造モデルが図表 41 である。

　この図表 41 のモデルを基本モデルとし、共分散構造分析の手法に基づきワルド検定による修正作業を行った（福田ら，2005）。ワルド検定によるモデルの修正作業では、このモデル図上におけるそれぞれのパスにおける検定統計量に基づいて判断し、パスの削除等を繰り返しながらモデル適合度を高めながら修正しなければならない。検定統計量を見たところ、心理尺度における「着実」潜在変数から「リスク不安」へのパスや、「広告接触」と「現状否認」の双方向パス、「広告接触」から「リスク不安」の潜在変数へのパス、「流行関心」から「リスク不安」へのパスなどが統計に有意な値を示さなかったため、これらのパスを省き、モデルの適合度を下げている要因を一つずつ順番に取り除く作業を行った。さらに観測項目間の相関の高いものは双方向のパスを加えるという作

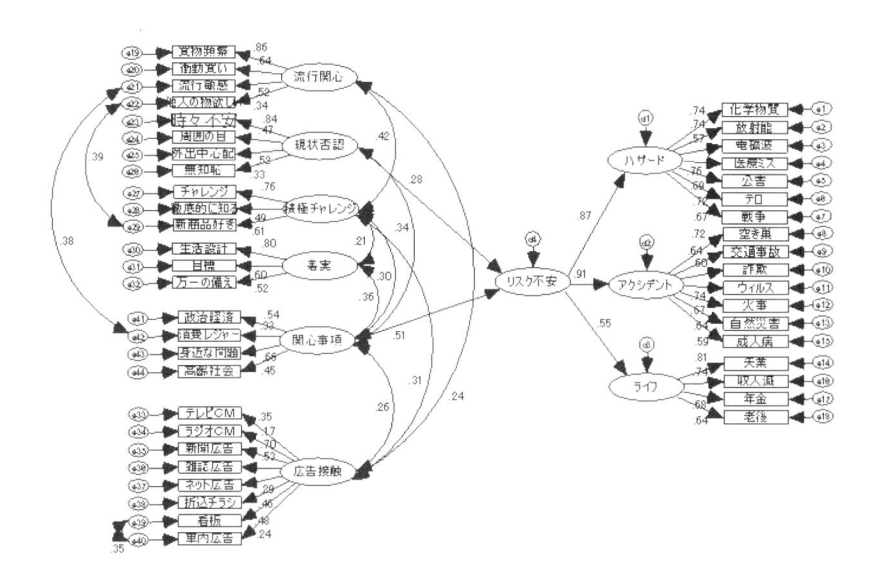

図表42　リスク不安と広告接触、関心、心理尺度の関係における最終モデル

業を行っている。このような手続きを施した共分散構造分析における最終モデルが図表42のモデルである。その結果、Arbuckleの適合基準（0.08以下）を満たす値が示され（RMSEA=0.060）、カイ2乗検定では有意差も認められた（p＜0.001）。よってこの共分散構造モデルは統計的に採用できると判断される。

　この共分散構造モデルによって、リスク不安の喚起に最も影響を与えているのは社会問題への関心度であるということが明らかになった（パス係数=0.51）。そしてメディア広告接触は、人々の心理尺度因子にそれぞれ影響を与えていることが明らかになった。広告接触が高まるほど積極チャレンジ型因子（パス係数=0.31）、流行関心型因子（パス係数=0.24）が高まることがわかった。つまり、メディア広告接触は人々の社会生活における積極性や流行関心を高めるポジティブな影響も与えているのである。今回のモデルにおいて最も重要なのは、このメディア広告接触が社会問題への関心度に影響を与えていることが明らかになった点である（パス係数=0.26）。つまり、メディア広告接触によって社会問題への関心度が高まり、その関心度が高まることによってリスク不安が高まるという先の節で検証したモデルが、別のこの調査における共分散構造モデルでも検証されたということである。この調査③のデータによっても、理論仮説2は支持された。

　これまでの考察によって、メディアへの情報アクセスによって、リスクへの関心が高まり、その結果、リスクへの不安やリスク認知が高まるという因果関係が、社会調査のデータ分析によって明らかになった。現代人のリスク意識を高めているのはメディアの影響であるという因果関係が証明されたのである。リスク消費社会をもたらした原因の一つはこのメディアにあったのである。

　メディアは人々のリスク意識に大きな影響力を持っている。時には、人々のリスク不安をいたずらに強化して社会不安や混乱を拡大させることもある。しかしながら、リスク意識が高まることは一方的に悪いと断定できることではない。そのリスク意識が健全に育成されることで、社会の危機管理や防災に役立つことも事実である。このリスクへの不安やリスク認知は、健全な形で個人的な対応行動につながったり、社会政策の整備へとつながらなければならない。

そのためには、メディアによる社会教育が必要となる。メディアによるリスクの社会教育こそ、リスク・コミュニケーションにとって中心的な課題である。

6章 リスクに関する社会教育の可能性

6.1 求められるリスク・リテラシー

　リスク社会である現代において、いたずらにリスクへの不安感や危機感を高めることはリスク・コミュニケーションの観点から見て有効なことではない。リスク・コミュニケーションのアプローチから考察すると、リスクに対する不安をパニックや社会変動に結びつけることなく、不安を適切な対応行動、対策に結びつけるためには、リスクに対する知識、対処能力である「リスク・リテラシー(risk literacy)」を高めるためのリスクに関する社会教育が必要である[28]。メディアの送り手はリスクに関する適切で合理的な情報を発信し、そしてその受け手は健全なリスク・リテラシーによってそのリスク・メッセージを理解し、適切な対応行動をとる。そして両者が相互作用する。これが、リスク・コミュニケーションの理想である。そのリスクとどのように付き合い、リスクをどのようにコントロールする社会を構築するか、それは政府や自治体だけでなく、メディアにとっても重要な課題である。個人レベルのリスク・リテラシーも重要であるが、それを社会レベルのリスク・リテラシーまでどのようにして高めていくべきか、最後にリスクに関する社会教育のあり方に対する意識について考察したい。

　リスクに関する情報がこれだけ氾濫している現代において、人々はリスクに関する社会教育に対してどのように考えているのだろうか。そしてもし社会教育を求めているとすれば、それはどのようなものであろうか。リスクに対する社会的政策、社会教育に関する態度を示したのが図表43である。これは調査①

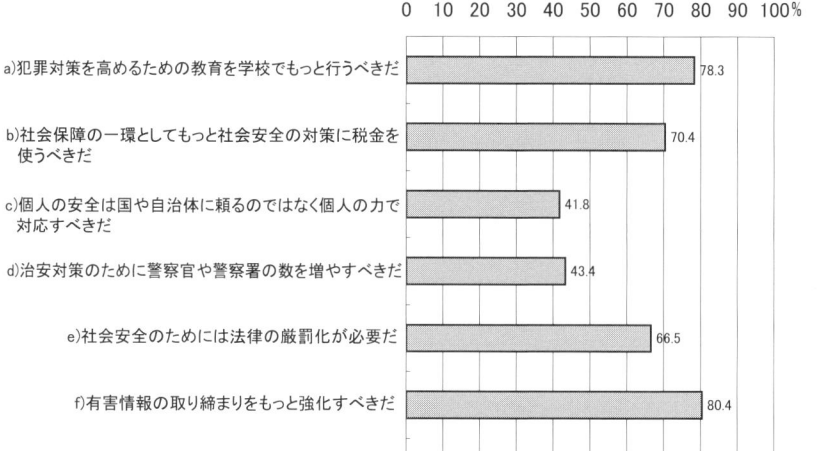

図表43 リスクに対する社会的対応に関する意識（福田，2004a）

項目	%
a) 犯罪対策を高めるための教育を学校でもっと行うべきだ	78.3
b) 社会保障の一環としてもっと社会安全の対策に税金を使うべきだ	70.4
c) 個人の安全は国や自治体に頼るのではなく個人の力で対応すべきだ	41.8
d) 治安対策のために警察官や警察署の数を増やすべきだ	43.4
e) 社会安全のためには法律の厳罰化が必要だ	66.5
f) 有害情報の取り締まりをもっと強化すべきだ	80.4
g) マスコミが社会安全・危機管理に対するキャンペーンを行うべきだ	66.7
h) 社会安全・危機管理のために地域社会がもっと結束すべきだ	87.3

からのデータである（福田，2004a）。

こうしたリスクに対する社会的対応に関する意識の中で、最も高い支持を得たのは、「社会安全・危機管理のために地域社会がもっと結束すべきだ」の87.3％であった。これは地域を軸としたリスクに対する社会教育のあり方を支持するもので、リスク・リテラシー向上のために地域で協力し合う互助的アプローチと呼ぶことができる。防火対策、防犯対策などでよく用いられる手法である。それに対して、「個人の安全は国や自治体に頼るのではなく個人の力で対応すべきだ」という意見への支持は41.8％と相対的に低かった。これは、自分のことは自分で守るという、リスク・リテラシーの自助的アプローチと呼ぶべき、自己責任の論理である。これにより、リスク・リテラシーの自助的アプローチよりは、互助的アプローチへの支持の方が高いことが明らかになった。

またリスクの社会教育の面については、「犯罪対策を高めるための教育を学校

でもっと行うべきだ」とする意見が 78.3％あり、「マスコミが社会安全・危機管理に対するキャンペーンを行うべきだ」という意見にも 66.7％の回答が集まった。つまり、リスクに対する社会教育に関する学校教育やマスコミ報道について、7 割前後の人がその必要性を認めていることがわかる。こうした学校におけるリスク教育や、マスコミによるリスク教育はリスク・リテラシー向上のために、メディアや学校などの組織を利用する公助的アプローチ、共助的アプローチと呼ぶことができる。このように、自助、互助、共助、公助は図表 44 のような階層構造を持ち、社会においてリスク・リテラシーを高めるアプローチは多様で多層的であることがわかる。そして、人々はリスクへの対応としては自助ではなく、むしろ互助、共助、公助を求めていることが明らかになった。リスク・リテラシー向上のための社会政策には、この公助、共助、互助、自助それぞれのレベルで相互作用のあるバランスのとれた対策が必要であろう。

また、社会政策の次元の問題として、「社会安全のためには法律の厳罰化が必要だ」とする意見も 66.5％あり、「有害情報の取り締まりをもっと強化すべき

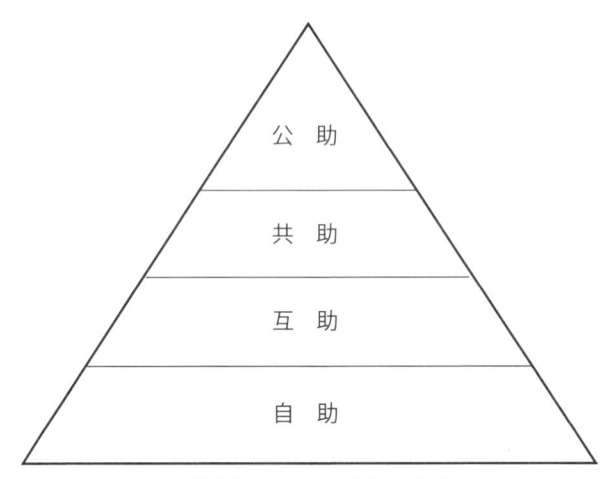

公助：社会安全のための公的政策・制度
共助：組織レベルやボランティアによる助け合い
互助：地域社会において隣近所がお互いに助け合う
自助：自分のことは自分で守る

図表 44　リスク・リテラシー向上のための多層的モデル（福田，2004a）

だ」という意見も 80.4%あることから、法律の厳罰化、取り締まりの強化を求める声が人々の中で非常に強いことがわかる。「社会保障の一環としてもっと社会安全の対策に税金を使うべきだ」という意見も 7 割を超えており、リスクに対するこれらの公的社会政策への支持は非常に強いことが明らかになった。まさにこの状態が、リスク社会の実態である。

6.2 リスクの社会教育の必要性

それでは、リスクに対する社会教育にとって有効な手段は何か、リスク・リテラシー向上のための社会教育に特化して考察したい。リスクに関する社会教育について具体的な方策を問うたものが図表 45 である。

その中でも値が高いものを示すと、「家庭での親や家族によるしつけ」(92.1%)、「小中学校での道徳教育」(79.4%)、「小中学校での社会安全・危機管理教育」(83.8%) などの家庭でのしつけや初等教育段階での必要性がとくに高いことがわかる。それに対して、「高校での道徳教育」(58.7%)、「高校での社会安全・危機管理教育」(72.1%) は相対的に低くなり、さらに「大学での社会安全・危機管理に関する専門教育」は 54.5%、「大学等における社会安全・危機管理研究」は 58.4%とさらに低くなっている。この学校教育の必要性の評価は、高等教育になるにつれて減少する傾向にあり、高校や大学での教育より、初等教育でリスクに対する社会教育を行うことが必要とされていることがわかる。

また、「テレビニュースによる事件報道」(81.3%)、「テレビの情報番組等での危機管理に関する特集」(86.1%)、「新聞記事による事件報道」(86.1%)、などのテレビや新聞によるマスコミ報道の必要性も高く認識されている。また、リスク教育のための広告的アプローチについては、「テレビや新聞、雑誌を使った公共広告」が 69.3%、「街頭ポスター・チラシによる広告」が 61%と比較的高い支持を得ている。リスクの社会教育に対して、テレビや新聞、雑誌といった従来のマスメディアが非常に有効な手段であると認識されていることが明らかになった。リスク社会の現代において、リスク・リテラシーを高める社会教育の

項目	%
a)家庭での親や家族によるしつけ	92.1
b)小中学校での道徳教育	79.4
c)小中学校での社会安全・危機管理教育	83.8
d)高校での道徳教育	58.7
e)高校での社会安全・危機管理教育	72.1
f)大学での社会安全・危機管理に関する専門教育	54.5
g)大学等における社会安全・危機管理研究	58.4
h)テレビニュースによる事件報道	81.3
i)テレビのワイドショーによる事件報道	54.7
j)テレビの情報番組等での危機管理に関する特集	86.1
k)新聞記事による事件報道	86.1
l)週刊誌、オピニオン誌などの雑誌による事件報道	51.7
m)テレビや新聞、雑誌を使った公共広告	69.3
n)街頭ポスター、チラシによる広告	61
o)社会安全、危機管理に関するシンポジウム	62.6

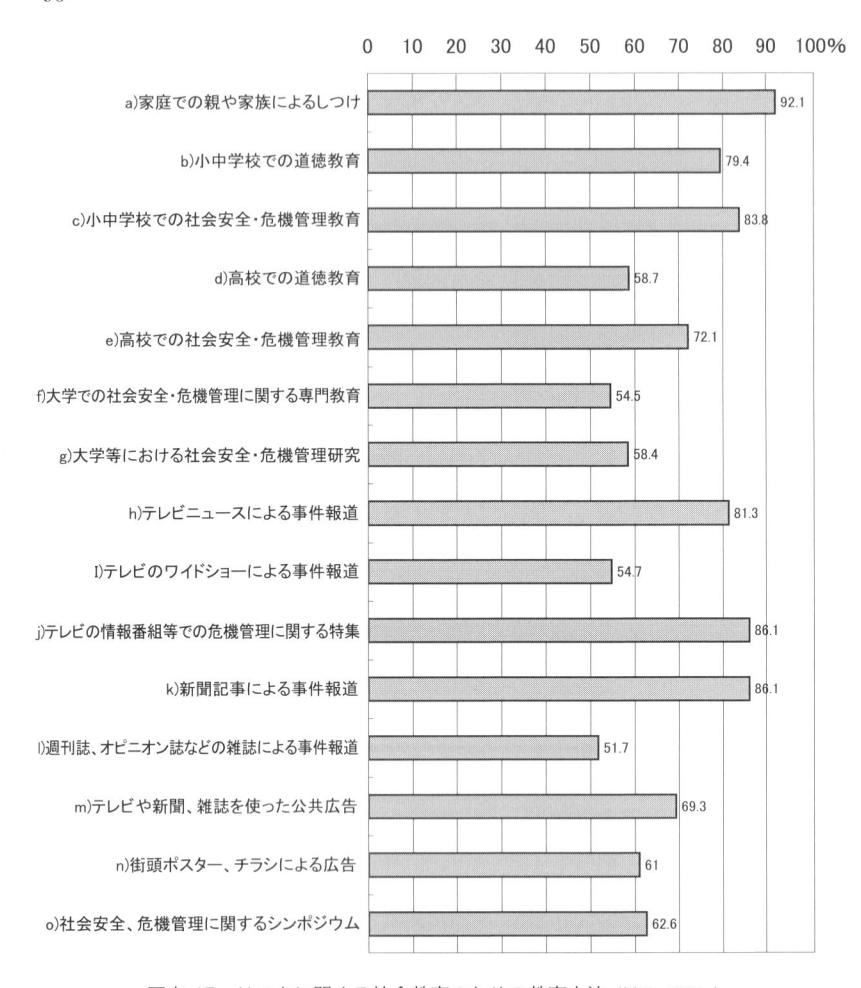

図表45　リスクに関する社会教育のための教育方法（福田，2004a）

　手段としてメディアは高い期待を寄せられているのである。

　それでは、この図表45の15項目からなる社会教育関連の項目にはどのようなパターンや傾向があるのだろうか。この15項目のデータを因子分析（主成分分析・バリマックス回転）したところ、図表46のような結果となった。全体が五つの因子パターンに分類され、第1因子はテレビや新聞、雑誌などによる「メ

図表46　社会安全教育のための教育方法についての因子構造

	第1因子	第2因子	第3因子	第4因子	第5因子
テレビ ニュースによる事件報道	0.797669	-0.03626	0.080438	-0.02279	0.031407
テレビの情報番組での危機管理特集	0.649408	0.087349	0.091115	0.027956	0.082422
週刊誌など雑誌による事件報道	0.612546	0.09335	0.014326	0.180911	-0.16875
テレビのワイドショーによる事件報道	0.587994	-0.16903	-0.01846	0.333223	-0.47287
新聞記事による事件報道	0.538052	0.126524	0.249058	-0.07143	0.391855
大学での社会安全・危機管理に関する専門教育	0.008534	0.854144	0.07545	0.130962	-0.08269
大学等における社会安全・危機管理研究	0.024706	0.842636	0.119312	-0.03136	-0.00187
高校での社会安全・危機管理教育	0.16466	0.627381	0.157264	0.331074	0.16551
街頭ポスター、チラシによる広告	0.083392	-0.00929	0.834075	0.166207	-0.10442
社会安全、危機管理に関するシンポジウム	-0.03867	0.202451	0.70583	0.061126	0.00955
テレビや新聞、雑誌を使った公共広告	0.331494	0.119181	0.671584	0.055628	0.113245
高校での道徳教育	0.056727	0.207031	0.172713	0.792379	-0.05312
小中学校での道徳教育	0.065955	0.013304	0.086320	0.763238	0.234813
家庭での親や家族によるしつけ	-0.03966	-0.10321	-0.05522	0.183228	0.666694
小中学校での社会安全・危機管理教育	0.140286	0.270182	0.039828	0.475778	0.480721

因子抽出法: 主成分分析
回転法: Kaiser の正規化を伴わないバリマックス法

ディア報道因子」と呼ぶことができる。また第2因子は、大学や高校での社会安全・危機管理に関する専門教育、研究に関する因子で「専門教育・研究因子」と呼ぶことができる。また第3因子は、街頭ポスターやチラシ、シンポジウム、公共広告などといった「広告キャンペーン因子」と名づけることができる。第4因子は高校での道徳教育、小中学校での道徳教育の「道徳教育因子」で、第5因子は家庭でのしつけ、小中学校での教育からなる「しつけ教育因子」と呼ぶことができる。このようにリスクの社会安全、危機管理に関する社会教育の政策には、①メディア報道、②専門教育・研究、③広告キャンペーン、④道徳教育、⑤しつけの5パターンがあるということが明らかとなった。リスクの社会教育のためには、こうした五つのアプローチがバランスよく使用されることが求められる。これまで見てきたように、人々はリスクに関する社会教育をさまざまな手法で求めていることが明らかになった。リスク社会における現代人は、家庭におけるしつけや、学校教育における道徳教育、専門教育や研究、またはメディア報道やキャンペーンなど、多様なリスク教育の方策を求めている

のである。これにより、理論仮説3はこれらの調査結果によって支持されたといえる。

このようにリスク・リテラシーを向上させる社会教育のアプローチには多様なものがある。アプローチが多様であるだけに、どのアプローチがどういうリスクに適しているか、そのリスクと社会教育の間の関係性を解明することが今後の課題となるだろう。例えば、福田（2004a）は次のような方法でその可能性を検討している。この調査で考察した12項目からなるリスク（リスク項目は、①戦争、②大地震、③火事、④テロ事件、⑤原子力発電所事故、⑥交通事故、⑦通り魔事件、⑧空き巣や窃盗などの犯罪、⑨誘拐拉致事件、⑩ストーカー事件、⑪個人情報の流出、⑫ SARS 等の伝染病の12項目）への不安感と、この社会教育の手法との間の相関関係を分析した。そのために、社会教育の五つの因子ごとに、その因子を構成する項目への回答を足し合わせて量的変数を合成し、五つの因子からなる合成変数をそれぞれ量的変数と見なした。そして、その五つの因子と12項目のリスクへの不安との間で総当たりの相関分析を行った。その結果、リスク社会教育因子と、リスク不安の間で5％水準の統計的有意差のあった関係だけを抜き出して表にまとめたものが図表47である。

具体的にリスクの社会教育因子と相関関係のあったリスク不安を挙げると、

図表47　リスク不安感と社会教育因子の相関関係（相関係数 p<0.05 以上）

第1因子：マスコミ報道因子
　　　　　テロ事件、交通事故、誘拐拉致事件、ストーカー事件など
第2因子：専門教育・研究因子
　　　　　テロ事件、戦争、原子力発電所事故など
第3因子：広告キャンペーン因子
　　　　　テロ事件、誘拐拉致事件、ストーカー事件
第4因子：道徳教育因子
　　　　　テロ事件、通り魔事件、誘拐拉致事件、ストーカー事件など
第5因子：しつけ教育因子
　　　　　火事、伝染病など

メディア報道因子と相関関係のあったリスクはテロ事件、交通事故、誘拐拉致事件、ストーカー事件などであった。確かに事件や事故などの報道はテレビニュースやワイドショー、新聞記事などでも多く、こうしたリスクに対する社会教育はマスコミが有益であると認識されているようである。また、専門教育・研究因子と相関関係のあったリスク不安は、テロ事件、戦争、原子力発電所事故などであった。こうしたテロや戦争、原発事故といったリスクは政治的側面を持ち、被害規模の大きなリスクであるが、その反面、生起確率は相対的に低い。こうした複雑な社会問題に関するリスクの社会教育には、専門教育・研究が求められていることが明らかになった。また、道徳教育因子と相関があったリスク不安はテロ事件、通り魔事件、誘拐拉致事件、ストーカー事件などのいわゆる人為的な犯罪、事件に関わるものであった。これらのリスクに対する社会教育には道徳教育が有効であるという認知が働いていると考えられる。また、しつけ教育因子と相関関係があったリスク不安は火事や伝染病であった。火事やウィルスなどの伝染病については子どもの小さい頃から教育、しつけが必要だという関連性がここに見てとれる。

このように、それぞれのリスク・リテラシー向上のための社会教育のアプローチには、それに合ったリスクとの関係性があることが判明した。どのようなリスクに対してどのような社会教育のアプローチがなされることで、リスク・リテラシーの向上につながるか、さらにその関係性を詳細に解明していく研究が今後も求められている。こうした実証的な効果研究の成果が、リスク教育やその社会政策に活かされる必要があるだろう。

7章 結果の考察とまとめ

　これまで各章で考察してきたように、リスクに対する意識にはある一定のメカニズムが存在した。調査①のデータにおいて、リスク認知とリスク不安には非常に強い相関関係が認められた。そして、同じく調査①のデータにおいて、全体的なリスク意識はリスク不安を中心に構造化されていることが明らかになった。しかも、数多くの多様なリスクにおいて、その構造は一定のパターンを示していたのである。こうして、本書が設定した理論仮説1は実証された。

　またそうしたリスク意識に対して、メディアが影響を与えていることも調査②データの多変量解析により明らかになった。相関分析や重回帰分析の結果、リスク・メッセージの受容がリスクに対する関心を高め、その関心が高まることでリスク認知やリスク不安が高まることが、調査②データによって明らかになった。つまり、メディアのリスク・メッセージはリスクへの関心度を媒介にして、間接的にリスク認知やリスク不安に影響を与えているのである。とくに、テレビがリスク不安に与える影響は強く、その因果関係も調査①のデータにより証明された。またそれはニュース報道だけではなく、テレビや新聞などにおける広告にもその影響力があることが明らかになった。こうした広告におけるリスク・メッセージも、リスクに対する関心度を媒介として、リスク不安に影響を与えていることが、調査③データから検証されたのである。こうして、本書における理論仮説2が支持された。

　またリスクに関する社会教育やリスク・リテラシーを高める方策を、人々が求めていることも調査①により明らかになった。リスク社会において、人々はリスク・リテラシーを求めているのである。しかも、その社会教育の方策には、

公助、共助、互助、自助などさまざまなレベルが存在する。家庭でのしつけや、小中学校での道徳教育、リスク教育や、高校や大学における高等教育、専門教育などの社会教育から、テレビや新聞などのメディア報道などによるキャンペーンまで幅広いリスク教育のあり方が求められていることが明らかになった。こうして、本書における理論仮説3も調査データによって支持されたのである。こうして、本研究の目標は達成された。リスク・コミュニケーションとメディアの関係を社会調査から実証することに成功したのである。

　しかしながら、リスク・コミュニケーションにはまだまだ未解決の問題が残っていることも確かである。今後さらにリスク・コミュニケーションにとって理想的な形を追求する必要がある。例えば、原子力の問題について、または食品の安全について、さらには北朝鮮のミサイル問題について、リスク・コミュニケーションが社会的にどのように実践されていくべきか、さらに研究は具体化される必要があるだろう。Fiorino（1989）がいうように、リスク・コミュニケーションには、科学エリートによる合意がトップダウン的に一般市民に押しつけられる形のエリート主義的な①技術的モデル（technical model）と、一般市民を含めたボトムアップ的合意によって構築されていく②民主的モデル（democratic model）の両方の側面がある。この両方の側面のどちらかに偏ることもあるべきではない。なぜなら、このトップダウン的な技術的モデルには民主主義社会における公正なプロセスが欠如していて、リスクへの対策が一般市民において必要な社会的合意として根付かない可能性が高く、反対にボトムアップ的な民主的モデルでは、技術的合理性がないがしろにされるなど、このどちらにも正しく公正な結果に導かれない可能性が残されているのである。リスク・コミュニケーションには、このボトムアップ的な民主的モデルのアプローチと、トップダウン的な技術的アプローチの、両方向による相互作用とフィードバックが必要であり、それを可能にするのが、メディアの役割である。一般市民のリスク認知とリスク・コントロールは重要であり、その健全なリスク意識、リスク回避行動の醸成は、リスクに関する適切な情報公開と社会教育、メディアによる議論などが積み重なったリスク・コミュニケーションによって達成されなけれ

ばならない。Rowan（1994）が指摘するように、具体的なリスク問題に直面した個別のリスク・コミュニケーションには、リスクに関わる当事者による①十分な情報公開と情報提供、そしてそれによる②誠意ある説得、その結果発生する③信頼の確立の三つの条件が重要であり、これによって政府や自治体などの政府、事業を推進する企業体、住民などの一般市民、マスコミなどのメディアにおける相互理解が促進される。この Rowan が示すリスク・コミュニケーションの一般原則が、今後、個別のリスク問題の中で具体化されて精緻化される必要がある。これら三者におけるリスク・コミュニケーションにおいて、メディアは十分に効果を発揮できることが、本研究の調査データからも検証された。メディアの役割は重大である。

　さまざまなリスクに関して、行政や自治体と、一般市民・住民をつなぐ役割を担えるのはメディアである。メディアこそ、これらのアクターの相互作用を媒介する重要な存在である。そこに、リスク研究に関わる研究者も積極的に関与しなければならない。これらのアクターにおいて、行われるリスク・コミュニケーションのあり方について、さらに個別のリスクにおける具体的方策を考察していく必要がある。まさに、リスク・リテラシーが必要なのは、一般市民だけではなく、行政や自治体も、そしてメディアにも、さらには研究者にも必

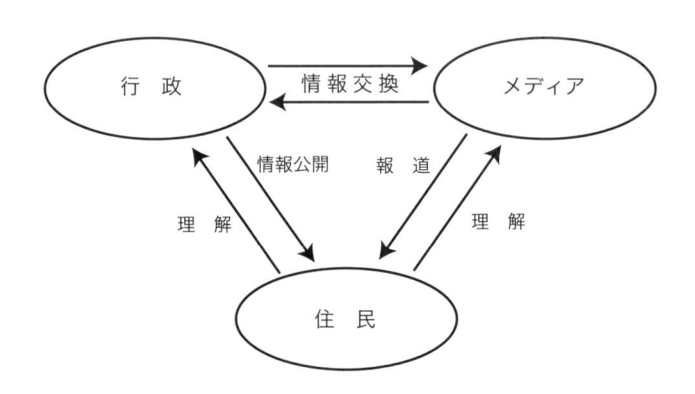

図表48　住民と行政、メディアの間でのリスク・コミュニケーション・モデル

要とされるのが、このリスク社会なのである。そのことを私たちは忘れてはならない。

おわりに（謝辞）

　本書は、2002年10月に筆者が日本大学法学部に奉職してから実施した複数の調査研究の成果の中で、比較的近年のものをもとにまとめたものである。これらの大規模な調査研究を実施し、数多くの成果を世に出せたことは、ひとえに日本大学法学部の教職員の皆さんのご協力があってのことである。この日本大学法学部という研究環境、教育環境がなければ、これだけの研究は行えなかったことは明らかである。また、2008年4月から長期海外派遣制度によってコロンビア大学客員研究員としてニューヨークに赴任したことで、このリスク・コミュニケーションの研究はさらに深まった。日本大学法学部の教員の皆様、職員の皆様に対し、ここに謝意を表したい。また、このコロンビア大学戦争と平和研究所（Arnold Saltzman Institute of War and Peace Studies: SIWPS）におけるニューヨークでの2年間の研究生活において、同研究所のRobert Jervis教授やRichard K. Betts教授からご指導をいただいたことは得がたい経験であった。コロンビア大学の教授やスタッフの皆さんにお礼を申し上げたい。

　本書の中で紹介している調査①は、財団法人社会安全研究財団による助成研究である。また調査②は、原子力安全基盤機構による助成研究である。さらに調査③は、財団法人吉田秀雄記念事業財団による助成研究である。これらの研究助成がなければ、これだけの規模の調査を実施することはできなかった。お世話になったこれらの機関に対してもここで謝意を表したい。これらの財団から受けた優秀論文賞や吉田秀雄賞という賞によって、これらの研究が評価を受けたことは、これらの研究が社会に求められていることの証左でもある。今後も実証研究を続けることで、こうしたリスク・コミュニケーションに関する研究の発展に寄与したい。

　そして、これらの研究は筆者個人の力だけで行えたものではないことも確かである。調査②の共同研究者である、中村功教授、仲田誠教授、中森広道教授、

森康俊准教授、海後宗男准教授、関谷直也講師らとの議論や共同作業がなければ、これらの研究成果はなかった。また調査③の共同研究者である、是永論教授、岡田章子講師、浅岡隆裕講師、清水真助手、酒井信一郎氏、高倉知映氏らとの共同研究により、リスク・コミュニケーションに関する筆者の問題意識や研究手法は高められたことも事実である。これらの共同研究者の皆様にもこの場を借りてお礼を申し上げたい。

　思えば、筆者がこのリスク・コミュニケーションに関する研究を始めるきっかけを与えてくださったのは東京大学大学院時代の恩師の一人である故廣井脩・元東京大学社会情報研究所教授である。筆者の大学院生時代、廣井教授の下で災害情報研究を始めたのが、これらの研究の出発点であった。筆者はおもに1995年の阪神淡路大震災やオウム真理教による地下鉄サリン事件から、この自然災害やテロリズムに関する危機管理研究、災害情報研究にたずさわってきた。これまでのそうした研究の集大成が本書である。

　そして最後に、この研究書を世に出すことを実現してくださった北樹出版の編集者の皆さんに感謝の意を表したい。編集者の皆さんが、この研究と本書の企画に理解を示してくださったことは、研究者冥利に尽きる光栄であった。とくに編集担当者の古屋幾子氏には、本書の企画から、執筆、改稿、校正作業まで細やかな視点でいろいろなご指導をちょうだいした。この北樹出版と私との関係をつないでくれたのは、昨年惜しくも亡くなられた元社長の登坂治彦氏であった。登坂氏のご冥福をお祈りしながら、こうしたありがたいご縁のすべてに感謝したい。

　これらすべての社会関係によって、この筆者のリスク・コミュニケーション研究は成立している。筆者を支えてくれたすべての方々に感謝しながら、筆を置きたい。

　　　2010年3月

　　　　　　　　　　　　　　　　　　　　　　　　福　田　　　充

注 釈

(1) ウルリヒ・ベック（1998）『危険社会』東廉・伊藤美登里訳, 法政大学出版局 (Beck, U. (1986) *Risko Gesellschaft*, Frankfurt, Suhrkamp Verlag) の p.317 より引用。この訳者の東廉・伊藤美登里両氏は、Beck (1986) の使用する主要概念「risko」を、「危険」と訳しているが、Beck (1986) の趣旨からしてこの場合は「リスク」と翻訳した方がよいと判断されるので、本書では、「risko」をすべてそのまま「リスク」と表現する。そのため、この引用部分ももともとは「危険」となっていた部分を、「リスク」と書き換えてあることを了承されたい。ちなみに、Beck, U. (2002) *Das Schweigen der Worrer : Uber Terror and Krieg*, Suhrkamp Verlag, Frankfurt am Main を翻訳した島村賢一氏はこの「risko」を「リスク」と翻訳している（ウルリッヒ・ベック（2003）『世界リスク社会論』島村賢一訳, 平凡社）。本書でもこれを採用することとしたい。
(2) Beck, 前掲書, p.8.
(3) Beck, 前掲書, p.3 より引用。Beck, ウルリッヒ・ベックは 1944 年生まれのミュンヘン大学社会学教授である。この大学で社会学、政治学、心理学や哲学をおさめ、同大学で博士号と教授資格を取得している。他に、ミュンスター大学社会学教授や、バンベルク大学社会学教授を歴任している。ドイツをはじめ世界中のメディアに登場し積極的に発言している。現在、ユルゲン・ハーバーマスやニクラス・ルーマンらと並んでドイツを代表する社会学者の一人である。
(4) ウルリッヒ・ベック（2003）『世界リスク社会論』島村賢一訳, 平凡社 (Beck, U. (2002) *Das Schweigen der Worrer : Uber Terror and Krieg*, Suhrkamp Verlag, Frankfurt am Main) の p.24 を参照のこと。
(5) Baumann, Z. (2000) *Liquid Modernity*, Polity Press（ジグムント・バウマン（2001）『リキッド・モダニティ―液状化する社会』森田典正訳, 大月書店）を参照。
(6) Giddens, A. (1990) *The Consequences of Modernity*, Cambridge, Polity（ギデンズ（1993）『近代とはいかなる時代か？モダニティの帰結』松尾精文・小幡正敏訳, 而立書房）を参照。
(7) 「受容できるリスク（acceptable risk）」については、Fischhoff ら（1981）を参照のこと。人々は社会的にどのようなリスクを受容可能として受け入れ、どのよ

うなリスクを受容不可能なものとして排除しているか、それは社会や時代によっても異なっている。
(8) ピーター・バーンスタイン（1998）『リスク〜神々への反逆』青山護訳，日本経済新聞社（Bernstein, P.L.（1996）*Against the Gods: The Remarkable Story of Risk*, Wiley, New York）の、pp.13-14 より引用。著者のバーンスタインは、アメリカの投資顧問会社のコンサルも務めるジャーナリストで、本書はリスクにまつわる思想の歴史をまとめた大著である。本書は世界中でベストセラーとなっている。
(9) こうした経済学的アプローチからのリスク研究、リスク・マネージメント研究に関しては、南方哲也（1993）『リスクマネジメントの基礎理論』長崎県立大学学術研究会を参照のこと。概念や理論の紹介や、研究の歴史が詳細にまとめられている。
(10) 日本リスク研究学会は、日本のさまざまな学問分野におけるリスク研究者が集まって 1988 年に、国際リスク分析学会（SRA: The Society for Risk Analysis）の日本支部として結成された。その母体は、1980 年に発足した日本リスク分析学会である。詳細は、日本リスク研究学会のホームページを参照のこと（http://www.sra-japan.jp/cms/）。
(11) このリスク・コミュニケーションの概念は、日本では 1990 年代に入ってから社会心理学の分野を中心に導入された。その当時の日本を代表するリスク・コミュニケーションに関する研究者には、岡本浩一教授や吉川肇子教授らが著名である。岡本に関しては、「岡本浩一（1992）『リスク心理学入門—ヒューマン・エラーとリスク・イメージ』サイエンス社」を参照、吉川に関しては「吉川肇子（1999）『リスク・コミュニケーション〜相互理解とよりよい意志決定をめざして』福村出版」を参照のこと。

　これらの研究の中でも、リスク・コミュニケーションに関するメディア、マスコミの重要性は指摘されているが、メディア報道の直接的な影響については日本国内ではまだ実証的研究により検証は十分にされていなかった。
(12) 故・廣井脩元東京大学社会情報研究所教授は、日本における災害情報論の権威であり、日本災害情報学会の初代会長である。廣井の災害情報研究の中には、災害時におけるメディア報道や警報などの情報の問題や、噂や流言などに関する研究から、災害に関する歴史、文化まで幅広く網羅されている。廣井の災害情報研究に関しては、以下の文献を参照のこと。これらの単著が代表的著作である。

廣井脩（1986）『災害と日本人』時事通信社.
廣井脩（1987）『災害報道と社会心理』中央経済社.
廣井脩（1988）『うわさと誤報の社会心理』NHK ブックス.
廣井脩（1991）『災害情報論』恒星社厚生閣.
廣井脩（2001）『流言とデマの社会学』文春新書.

(13) 筆者、福田充によるアメリカのテロ対策やテロ警報の研究に関しては、以下の文献を参照のこと。これらには、筆者が 2008 年から 2010 年の 2 年間にかけてアメリカ合衆国における在外研究で考察したアメリカのテロ対策やインテリジェンスに関する研究が整理されている。
福田充（2009a）『メディアとテロリズム』新潮新書.
福田充（2009b）『アメリカ合衆国におけるテロ対策と危機管理体制』財団法人公共政策調査会.
福田充（2010）『テロとインテリジェンス』慶應義塾大学出版会.

(14) Paul Slovic 教授はアメリカのオレゴン大学教授で、世界を代表するリスク認知研究者である。一連のリスク認知研究によって数々の賞を受賞している。社会心理学的なアプローチによって、数多くのリスク認知に関する調査研究を行ってきた。代表作としては、Slovic, P. (2000) *The Perception of Risk*, Earthscan を参照のこと。

(15) 本書では、テロリズムとメディアの問題についてはこれ以上深く扱わない。テロリズムとメディアの問題に関しては、福田充（2009a）『メディアとテロリズム』（新潮社）を参照のこと。また、アメリカのテロ対策については、福田充（2010）『テロとインテリジェンス』（慶應義塾大学出版会）、福田充（2009b）『アメリカ合衆国におけるテロ対策と危機管理体制』（財団法人公共政策調査会）を参照のこと。

(16) 日本人のメディア利用に関する調査にはさまざまなものがあるが、メディア研究の分野において、生活時間調査をもとにしたメディア利用調査、情報行動調査には、東京大学大学院情報学環編（2005）『日本人の情報行動 2005』（東京大学出版会）や、NHK 放送文化研究所編（2005）『日本人の生活時間—NHK 国民生活時間調査』（NHK 出版）などがある。これらの最新のデータを見ても、日本人が 1 日の生活時間の中で最も長い時間利用しているメディアはテレビである。

(17) 理論仮説と作業仮説。
社会科学の実証研究で扱われる仮説には、大きく分けて①理論仮説と②作業

仮説の2種類がある。①理論仮説とは、実証研究において中心的に検証されるべきマクロで抽象度の高い仮説のことである。それに対して②作業仮説とは、社会調査などのデータによって直接検証される具体的でミクロな仮説のことを指す。作業仮説とは理論仮説の下位概念であり、いくつかの具体的な作業仮説が調査データから検証されることによって、その上位にある理論仮説が検証される。よって調査票を作成する場合、質問項目には明らかにすべき具体的な作業仮説が関わっている。

(18) アンケート調査票における質問項目の作成と尺度構成。

質問紙調査におけるアンケート調査票を作成する場合、回答方法の様式には、①強制選択肢法、②数値記入法、③自由回答法などがある。さらに、①強制選択肢法には、答えを一つだけ選ばせる択一回答（シングル・アンサー）と、答えを複数選ばせる複数回答（マルチ・アンサー）などがある。また対象者に自由な言葉の表現で回答させる①自由回答法のデータを、調査後に分析する手法には、アフター・コーディング法やKJ法、プロトコル分析などの多様な質的分析の手法がある。

また、強制選択肢法で質問項目を作成する場合には、選択肢をどのような尺度で構成するかを考えなくてはならない。選択肢の種類には、①名義尺度、②順序尺度、③間隔尺度、④比例尺度などがある。①名義尺度（nominal scale）とは、選択肢があるカテゴリーによって構成される尺度のことである。このカテゴリカル・データにおいては、その数値、番号は記号に過ぎず、順位や量を意味しない。また②順序尺度（ordinal scale）では、その選択肢の数値、番号が順位、順序を示す。③間隔尺度（interval scale）では、その選択肢の数値、番号は順位ではなく、言葉や概念の間にある間隔、距離を示す。そのため、距離尺度（distance scale）とも呼ばれる。また、比例尺度（ratio scale）とは、絶対零度から示される数量による尺度である。

また態度測定法としての尺度構成には、等現感覚尺度である①サーストン尺度（絶対尺度）と、相加評定尺度である②リッカート尺度（相対尺度）などがある。また、SD法（semantic differential method）のように、形容詞や名詞などのイメージ、概念を左右に配置し、そのどちらに近いかを尺度化し、回答させる方法もある。このような尺度構成をもとに、調査票における質問項目は作成される。

(19) 福田（2004a）の社会調査①「社会安全・危機管理についての意識とメディア教育に関するアンケート調査」は財団法人社会安全研究財団による助成研究で

ある。この調査結果の詳細については、次の文献を参照のこと。

 福田充（2004a）「社会安全・危機管理に対する意識と社会教育・マスコミ報道に関する調査研究〜リスク・コミュニケーションの視点からの一考察」『平成14年度研究助成報告書』財団法人社会安全研究財団, pp.49-98.

 福田充（2004b）「社会安全・危機管理に対する意識と社会教育・マスコミ報道に関する調査研究」『社会安全』財団法人社会安全研究財団, 2004年4月号, No.52, pp.24-36.

(20)　福田（2006c）の社会調査②「原子力に対する意識に関するアンケート調査」は、原子力安全基盤機構による助成研究である。この研究の共同研究者は、中村功・関谷直也・福田充・中森広道・仲田誠・海後宗男で、中村功教授を代表とした東洋大学、日本大学、筑波大学などを主体としたメンバーである。この調査結果の詳細については、次の文献を参照のこと。

 福田充（2006c）「リスクと原子力」中村功・関谷直也・福田充・中森広道・仲田誠・海後宗男『社会からみた「原子力のリスク・コミュニケーション」』原子力安全基盤調査研究平成17年度研究成果報告書, pp.50-71.

(21)　福田ら（2005）の社会調査③「消費者のリスク意識に関するアンケート調査」は、財団法人吉田秀雄記念事業財団による助成研究である。この研究は、筆者を研究代表者として、立教大学の是永論教授を中心とするREAD研究会を主体とした研究チームである。研究メンバーは、福田充・浅岡隆裕・岡田章子・是永論・酒井信一郎・清水真・高倉知映の7名で、この研究は第3回吉田秀雄賞を受賞した。福田ら（2005）の調査結果の詳細については、次の文献を参照のこと。

 福田充・浅岡隆裕・岡田章子・是永論・酒井信一郎・清水真・高倉知映（2005）『リスクメッセージを含む広告表現とその受容に関する実証研究』財団法人吉田秀雄記念事業財団・助成研究報告書.

(22)　調査対象者の問題。

　社会調査には、大きく分けて①全数調査と、②標本調査（サンプル調査）の2種類がある。①全数調査とは、調査対象となる母集団に含まれるすべての人を対象にした社会調査のことで、母集団と調査対象者の数は一致する。例えば、国勢調査などは日本人全員を対象にした全数調査である。

　それに対して②標本調査とは、調査対象となる母集団から、一部の標本（サンプル）を抽出して調査する手法である。例えばメディア研究の関連でいえば、ビデオリサーチ社が実施しているテレビの視聴率調査や、新聞社が行う各種世

論調査は、代表的な標本調査である。しかしながら、その抽出された標本を対象として調査を実施し、その標本における特性から全体の母集団の特性を推測するためには、その標本の特性が母集団と一致している必要がある。つまり、その母集団の全体的な特性を崩すことなく、標本が抽出される必要がある。これが標本の代表性の問題である。その標本の代表性を異なる角度から確保するために、標本抽出方法には①作為抽出法（有意抽出法）と、②無作為抽出法の2種類がある。

(23) 標本抽出方法の種類。

　社会調査における標本抽出方法には、作為抽出法（有意抽出法）と、無作為抽出法がある。作為抽出法は有意抽出法とも呼ばれ、標本（サンプル）として調査対象者を抽出する際に、調査におけるある特定の目的のために意図的な条件に従って標本を選択する方法である。例えば、調査対象者が非常に限定的で、特定の層に偏っている場合には、無作為抽出によるランダムサンプリングを行うことに意味がない場合がある。このような場合には、調査の目的や問題意識に照らし合わせ、作為的に標本を抽出する条件を事前に設定し、その条件に沿った標本を有意に抽出する方法を確立する。

　反対に無作為抽出法とは、調査者の作為や意図を全く介在させず、全体の母集団から代表性のある標本（サンプル）を抽出する方法である。この場合、抽出された標本は、母集団が兼ね備えているさまざまな特性がそのまま崩れずに一致していなければならない。代表的な無作為抽出法には、①単純無作為抽出法、②系統抽出法、③層化抽出法、④多段抽出法、⑤層化多段抽出法などの種類がある。

　①単純無作為抽出法（simple random sampling）とは、最も簡単な無作為抽出法である。例えば、まず調査対象の母集団を構成する完全な名簿（リスト）を作成し、そのリストに番号を1から順につける。そして抽出すべき標本の数だけ乱数表を引き、選ばれた数字に該当するものが標本となる。このように、無作為抽出法には、母集団を構成するリストと、そこから各単位で等確率、かつ独立に選ばれるような方法が必要である。そのようなリストには、例えば選挙管理委員会が保管する選挙人名簿や、役所が保管する住民台帳などがある。

　続いて、②系統抽出法（systematic random sampling）は、等間隔抽出法とも呼ばれる。この抽出法にも、母集団のリストが必要である。すべて乱数表で決めるのは大変なので、最初の1名だけ乱数表やサイコロのような方法で抽出し、その後は、等間隔で標本をピックアップしていく方法である。1000人の母集団

の中で、200人の標本を抽出しようと思えば、その1000人の母集団リストをある条件に則った条件をもとに作成し、5人間隔でピックアップすれば、標本は200人になる。

また、③層化抽出法（stratified sampling）では、性別、年齢、学歴などのようなデモグラフィック属性によって、母集団をいくつかの層に分けることから始める。母集団を特定の変数によって層化し、その各層ごとに独立させて、そこから標本を抽出する方法。層化した母集団ごとに、リストを作成する必要がある。その後の抽出方法は、①単純無作為抽出法か②系統抽出法と同じである。

それに対し、④多段抽出法（multi-stage sampling）とは、抽出を何段階かに分けて行う方法である。実際の社会調査では、全体の母集団から標本を抽出する場合、その標本を抽出すべき条件に、さまざまな条件が関わってくる。性別や、年齢だけでなく、居住地域や職場などの条件も含まれる。例えば、標本調査として全国調査を実施する場合、仮に調査対象の母集団が全国10000人存在するその中から標本500人を抽出することを想定した場合、(1)まず、母集団10000人が居住している地域として全国から50ヵ所を抽出する。仮にその50ヵ所に等しく200人ずつが母集団として存在していると仮定すると、(2)その1ヵ所200人の中から、10人を抽出すればよい。1ヵ所ごとに母集団のリストを作成し、そこから単純無作為抽出か、系統抽出を行う。(3)その結果、50ヵ所ごとに10人の標本が完成し、全体で500人の標本が完成する。この多段抽出法には、この50ヵ所の選定の場合にその母集団の大きさによって調査対象地域として選ばれる可能性を比例させる確率比例抽出法と、それぞれの地域から母集団の数に比例させた数だけ抽出する等確率抽出法の2種類がある。

⑤層化多段抽出法（stratified multistage sampling）とは、③層化抽出法と、④多段抽出法を併用する方法である。大規模で精確な調査を実施するときに使用される。調査地域の選定などで多段抽出法が用いられ、さらに性別や年齢層などで層化された母集団から、標本を抽出することで、最も母集団に近い標本を抽出することができる。

このように、標本抽出法には作為抽出法（有意抽出法）や無作為抽出法があるが、その二つの方法を組み合わせたクォータ法なども存在する。

(24) 調査方法の種類。

質問紙調査（アンケート調査）には、名前を記入して回答させる記名式調査と、名前を記入させない無記名式調査の2種類がある。それぞれに長所と短所がある。

さらに、そのアンケート調査を実施する調査方法にはさまざまな種類がある。ここでは、①面接調査法、②配票調査法、③留置調査法、④郵送調査法、⑤託送調査法、⑥集合調査法、⑦電話調査法、⑧ネット・オンライン調査法などを概観したい。
　①面接調査法には個人面接法（個別面接法）、集団面接法の2種類がある。個人面接法は調査員と調査対象者が1対1で直接向き合って調査を行う。調査員が口頭で質問し、対象者が口頭で回答したものを調査員が調査票に記入するという方法である。調査対象者に調査場所に来てもらう場合や、反対に調査員が調査対象者の自宅を訪問する訪問面接調査法などもある。この調査方法の利点は、直接対面しているため回収率、有効回答率が高いこと、質問の誤答や記入漏れが少ないことなどがある。対面しているため複雑で難しい質問も可能である。しかし反対に、対面しているためプライベートな質問がしにくいなどの難点もある。
　②配票調査法は、調査員が調査対象者に対して直接、調査票を配布し、その一定時間後に回収する方法である。調査対象者の自記式による調査である。人が集まっている場所や、街頭などではよく用いられる方法で、調査員が自分で直接回答を依頼できるため、依頼できた場合にはその場で回収することができ、回収率がやや高くなる。また一定時間で比較的多くの調査回答を得ることができる調査方法である。しかし、屋外等で実施する場合には、回答が粗雑になることもあり、質問項目の多い、長い調査票を使用することが困難である。
　③留置調査法は、調査員が調査対象者を訪問し、一定期間で回答してもらい、再度訪問して直接回収する方法である。このように調査対象者の自宅を訪問する場合には、訪問留置調査法と呼ぶ。調査対象者の自記式である。自宅を直接訪問するような場合には、自宅が不在であったり、調査を引き受けてくれることが難しい場合があるが、調査の回答を引き受けてくれた場合には、再度直接回収に訪問するため、比較的回収率が高くなる傾向がある。ある一定地域をカバーするエリア・サンプリングを行った場合には、この訪問留置調査法が有効である。また、一定時間を置いて、じっくりと時間をかけて回答できるため、質問項目が多く、調査票が長い場合でも比較的安定した回答が得られる。
　④郵送調査法とは、アンケート用紙の調査票を郵便で調査対象者に送り、回答してもらい、同封した返信用封筒で返信してもらう方法である。調査対象者の自記式調査である。これは、調査対象エリアが全国であったり、広い地域である場合に、労力がかからない便利な方法である。また自宅でじっくり回答で

きるため、比較的長い調査票でも安定した回答が得られる。また調査員を知らないため、プライベートな質問でも答えやすい利点もある。しかしながら、調査員が直接向かい合って調査を依頼したわけではなく、調査票が郵送されてくるだけであるため、回答や返信の面倒さから、回収率は低くなる傾向がある。

⑤託送調査法とは、組織や集団を対象にした調査において、その組織や企業などに調査票をまとめて送付し、その構成員に回答してもらい配布から回収までその組織に実施してもらう方法である。調査員は実際に調査対象者とは面会しない。その後、その組織が回収した調査票を、調査者に返送する。調査対象者の自記式調査である。すべての調査の過程をその組織に委ねるため、費用や手間が少なくてすむという利点があるが、このように労力がかかる調査を引き受けてくれる組織や集団は少ないという欠点もある。

⑥集合調査法とは、一定の決まった場所に調査対象者を集め、集合で一斉に調査票を配布、回答させ、回収する調査方法である。調査対象者の自記式調査である。これは、すでに人が集まる状況をそのまま利用する場合、学校や企業などの場を借りて調査をする場合には回答率、回収率も高く、費用や労力が少なくてすむという利点がある。しかしながら、そういう協力のない場合には、むしろ調査対象者をわざわざ1ヵ所に集合させて調査するにはある程度の準備と費用が必要になる。

⑦電話調査法とは、調査員が調査対象者の世帯に電話をかけ、調査対象者であることを確認し、電話を用いた会話で質問と回答を行う調査手法である。調査員が、調査票を読み上げ、回答者が口頭で回答し、調査員が調査票に回答を記入する。テレ・コミュニケーションを用いた調査である。これも、全国調査など広い調査エリアをカバーするときには便利な手法である。また、大量のオペレーターを動員できる場合には、短時間で大量の調査対象者に調査を実施できるという利点がある。しかしながら、電話であるため長くなると調査対象者に嫌がられる場合が多く、また電話だと複雑な質問項目や選択肢からなる質問が行いにくい。調査を断られたり、不在の場合も多い。新聞社やテレビ局が世論調査を実施するときのRDD法（ランダム・ディジット・ダイヤリング法）もこの電話調査法の一種である。

⑧ネット・オンライン調査法には、インターネットのホームページを利用したWebオンライン調査と、メールを利用したメール調査の2種類があるが、現在では前者の方が一般的である。インターネットのWebサイトの上にアンケート調査フォーマットをCGIで作成し、その調査サイトにアクセスしてもらっ

て、調査対象者にオンラインでアンケートに回答してもらう。調査対象者の自記式調査である。郵送調査のインターネット版ともいえる現代的なメディア利用調査であり、多くの調査会社や代理店が現在ではこのネット・オンライン調査を利用しているが、このオンライン調査を実施するためには、調査対象者の選定や、標本抽出に大きな問題があるため、このネット・オンライン調査でいかにして、無作為抽出調査を実施するか、その方法の確立が重要である。また、パソコンを利用するため（現在は一部で携帯電話を利用したネット・オンライン調査もある）、質問項目をあまり多くできず、複雑な質問に適さないという難点もある。

このように、たくさんの多様な調査実施方法があるが、自分の社会調査で調査実施方法を決める場合、調査に必要なA) 時間、B) 費用、C) 労力という三つの問題を考えて、ベストな方法を選択する必要がある。また、いかに多くの調査対象者に対して調査を行えるか、回収率をどのようにして高めるか、質問量をどれくらい多くできるか、複雑な内容の質問をできるか、プライバシーなどの問題を排除して、どれくらい回答者が調査協力をしてくれやすいか、などの点を考慮して調査実施方法を検討する必要がある。

(25) 多次元尺度法（MDS）は、多項目からなる対象物に対するそれぞれの反応の関係を、2次元など低次元空間における点の布置で表現する分析手法である。このモデル図を構成する次元1と次元2の軸には、対象物を分類した次元の意味が存在する。刺激の類似度を散布図として表現するため、項目ごとに反応の似たものは近い位置に、異なるものは遠い位置に分布する。

(26) 相関関係を示す際に用いられる相関係数について、相関係数 r の値は0から1の間の数値をとるとき、さらにその数値が1に近いほどその両者に正の相関関係があると想定され、相関係数 r の値が−1から0の間の数値をとるとき、さらにその数値が−1に近いほどその両者に負の相関関係があると想定される。社会学においては、相関係数 r が0.2よりも大きく、また−0.2よりも小さいとき、その両者に弱い相関関係が示唆されるとするのが一般的である。つまり、相関係数 r の値が1に近づくほど（プラス相関）、また−1に近づくほど（マイナス相関）、両者の相関関係は強いことを意味する。

(27) パス解析モデルとは、重回帰分析や共分散構造分析によって変数同士の因果関係を変数と矢印からなるパス図で表現したものである。ここで示される標準化係数 β（標準偏回帰係数 β ともいう）の値は、偏回帰係数を平均0、分散1に標準化した場合の係数を意味し、−1から0、または0から1の範囲の値をと

る。絶対値1に近いほど、この変数には大きな影響力があることを意味する。
(28)　このリスク・リテラシーという概念は、近年投資の分野を中心に金融リスクを学ぶ上で必要なリテラシーとして使用されることがあるが、ここでは、社会に存在する多様なリスク全体に対する知識や対処能力として使用している。金融だけでなく、地震や台風などの自然災害、原子力事故や交通事故、テロリズムや戦争、そして食品の安全や住宅の安心など、あらゆるリスクに関するリテラシーが求められる。

参考文献

Barbara, A., Beck, U., Van Loon, J. (eds.) (2000) *The Risk Society and Beyond: Critical Issues for Social Theory*, Sage Publishing.

Baumann, Z. (2000) *Liquid Modernity*, Polity Press. ジグムント・バウマン (2001)『リキッド・モダニティ―液状化する社会』森田典正訳, 大月書店.

Beck, U. (1986) *Risko Gesellschaft*, Frankfurt, Suhrkamp Verlag. ウルリヒ・ベック (1998)『危険社会』東廉・伊藤美登里訳. 法政大学出版局.

Beck, U. (2002) *Das Schweigen der Worrer : Uber Terror und Krieg*, Frankfurt am Main, Suhrkamp Verlag. ウルリッヒ・ベック (2003)『世界リスク社会論』島村賢一訳. 平凡社.

Bernstein, P.L. (1996) *Against the Gods: The Remarkable Story of Risk*, New York, Wiley. ピーター・バーンスタイン (1998)『リスク～神々への反逆』青山護訳, 日本経済新聞社.

Combs, B. & Slovic, P. (1979) Newspaper coverage of causes of death. *Journalism Quarterly*, Vol.56, pp.837-843.

Covello,V.T., Slovic,P. & von Winterfeldt,D. (1988) Disaster and crisis communications: Findings and implications for research and policy. Jungermann,H., Kasperson,R.E. & Wiedemann,P.M. (eds.) *Risk Communication*, Julich: KFA.

Drabek, T.E. (1969) Social Process in disaster: Family Evacuation. *Social Problems*, Vol.16, No.3, pp.336-349.

Drabek, T.E. (1986) *Human System Responses to Disaster: An Inventory of Sociological Findings*, Springer-Verlag.

Englander, T., Farago, K., Slovic, P. & Fishhoff, B. (1986) A comparative analysis of risk perception in Hungry and the United States. *Social Behavior*, No.1, pp.55-56.

Fiorino, D.J. (1989) Technical and democratic values in risk analysis. *Risk Analysis*, Vol.9, pp.293-299.

Fishoff, B., Slovic, P., Lichtenstein, S., Read, S. & Combs, B. (1978) How safe is safe enough? : A psychometric study of attitude towards technological risks and benefits. *Political Science*, No. 9, pp.127-152.

Fischhoff, B., Lichtenstein, S., Slovic, P., Derby, S. L. & Keeney, R. L. (1981) *Acceptable Risk*, New York, Cambridge University Press.

福田充 (2001)「災害対策における情報マネージメントの諸問題」『警察政策』警察政策学会. 第3巻1号. pp.145-164.

福田充 (2004a)「社会安全・危機管理に対する意識と社会教育・マスコミ報道に関する調査研究～リスク・コミュニケーションの視点からの一考察」『平成14年度研究助成報告

書』財団法人社会安全研究財団，pp.49-98.
福田充（2004b）「社会安全・危機管理に対する意識と社会教育・マスコミ報道に関する調査研究」『社会安全』財団法人社会安全研究財団，2004 年 4 月号，No.52, pp.24-36.
福田充（2006a）「テロリズムとマスコミ報道・メディア」『テロ対策入門～偏在する危機への対処法』テロ対策を考える会（宮坂直史責任編集），亜紀書房．
福田充（2006b）「グローバル・リスク社会を表象する国際テロ報道～2004 年スペイン列車爆破テロ事件を中心に」『メディア・コミュニケーション』慶應義塾大学メディア・コミュニケーション研究所紀要，No.56, pp.109-128.
福田充（2006c）「リスクと原子力」中村功・関谷直也・福田充・中森広道・仲田誠・海後宗男『社会からみた「原子力のリスク・コミュニケーション」』原子力安全基盤調査研究平成 17 年度研究成果報告書，pp.50-71.
福田充（2007）「イスラムはどう語られたか～国際テロ報道におけるイスラム解説の談話分析」『メディア・コミュニケーション』慶應義塾大学メディア・コミュニケーション研究所紀要，No.57, pp.49-65.
福田充（2008a）「リスク社会における現代人の犯罪不安意識～テロリズムを中心とした犯罪へのリスク・コミュニケーション的アプローチ」『警察政策』第 10 巻，pp.209-228.
福田充（2008b）「テロリズム等の危機事態における警報，避難行動，救急搬送の諸問題」『消防防災』25 号，2008 年夏季号，東京法令出版.
福田充（2008c）「危機管理に関する広報とメディア戦略～テロリズムや自然災害等におけるリスク・コミュニケーション」『月刊広報』日本広報協会，2008 年 8 月号，pp.22-25.
福田充（2009a）『メディアとテロリズム』新潮新書．
福田充（2009b）『アメリカ合衆国におけるテロ対策と危機管理体制』財団法人公共政策調査会．
福田充（2010）『テロとインテリジェンス』慶應義塾大学出版会．
福田充・中森広道・廣井脩・泰康俊・馬越直子・紙田毅（2000）「平成 10 年 8 月那須集中豪雨水害における災害情報と住民の避難行動」『東京大学社会情報研究所調査研究紀要』東京大学社会情報研究所，14 号，pp.193-282.
福田充・浅岡隆裕・岡田章子・是永論・酒井信一郎・清水真・高倉知映（2005）『リスクメッセージを含む広告表現とその受容に関する実証研究』財団法人吉田秀雄記念事業財団・助成研究報告書．
Gerbner, G. & Gross, L. (1976) Living with Television: The Violence Profile. *Journal of Communication*, Spring, pp.173-200.
Gerbner,G., Gross,L., Morgan,M. and Signorielli,N. (1986) Living With Television: The dynamics of cultivation process. In J.Bryant & D.Zillmann (eds.) *Perspectives on media effects*, Hillsdale, Lawrence Erlbaum, pp.17-40.

参考文献 119

Giddens, A.（1990）*The Consequences of Modernity*, Cambridge, Polity. ギデンズ（1993）『近代とはいかなる時代か？モダニティの帰結』松尾精文・小幡正敏訳．而立書房．

橋元良明・水野博介・石井健一・見城武秀・福田充・辻大介・森康俊（1995）「大学生におけるオウム報道の影響と宗教意識」『東京大学社会情報研究所調査研究紀要』東京大学社会情報研究所，6号，pp.1-84.

廣井脩（1986）『災害と日本人』時事通信社．

廣井脩（1987）『災害報道と社会心理』中央経済社．

廣井脩（1988）『うわさと誤報の社会心理』NHKブックス．

廣井脩（1991）『災害情報論』恒星社厚生閣．

廣井脩（2001）『流言とデマの社会学』文春新書．

廣井脩・中森功・田中淳・中森広道・福田充・関谷直也・森岡千穂（2005）「2004年7月新潟・福島豪雨における住民行動と災害情報の伝達」『情報学研究・調査研究編』東京大学大学院情報学環・学際情報学府，No.23, pp.163-287.

廣井脩・田中淳・中村功・中森広道・福田充・関谷直也・森岡千穂・廣井悠（2005）「2004年台風23号による豊岡市豪雨水害における災害情報の伝達と住民の対応」『災害情報調査研究レポート』Vol.3, pp.1-84.

広瀬弘忠（2000）「リスクコミュニケーションのプロセスと送り手の信頼性」日本リスク研究学会編『リスク学事典』TBSブリタニカ．

星野周弘（1992）「安全性と社会不安について」『季刊社会安全』No.6, pp.28-35.

池田謙一（1986）『緊急時の情報処理』東京大学出版会．

井上すみれ（1995）「リスク報道の経年変化の分析」『慶應義塾大学新聞研究所年報』No.45, pp.59-76.

Janis, I.L. & Feshbach, S.（1953）Effects of fear-arousing communications. *The Journal of Abnormal and Social Psychology*, Vol.48, pp.78-92.

Kasperson, R.E.（1986）Six propositions on public participation and their relevance for risk communication. *Risk Analysis*, Vol.6, pp.275-281.

Kasperson, R.E., Renn, O., Slovic, P., Browan, H.S., Emel, J., Goble, R., Kasperson, J.X. & Rtick, S.（1988）The social amplification of risk: A conceptual framework. *Risk Analysis*, Vol.8, pp.177-187.

Keeney, R.L. & von Winterfeldt, D.（1986）Improving risk communication. *Risk Analysis*, Vol.6, pp.417-424.

吉川肇子（1999）『リスク・コミュニケーション〜相互理解とよりよい意志決定をめざして』福村出版．

吉川肇子（2000）『リスクとつきあう〜危険な時代のコミュニケーション』有斐閣．

Knight, F.H.（1921）*Risk, Uncertainty and Profit*. Houghton Mifflin. ナイト（1959）『危険、不

確実性および利潤』奥隅栄喜訳,文雅堂銀行研究社.
Kulp, C.A. & Hall, J.W.（1958）*Casualty Insurance*, New York, The Ronald Press Company.
Luhmann, N.（1991）*Soziologie des Risikos*, Berlin, de Gruyter.
Lupton, D. & Tulloch, J.（2002）Risk is Part of Your Life: Risk Epistemologies among a Group of Australians. *Sociology*, Vol.36（2）, pp.317-334.
McCombs, M.E. & Shaw, D.L.（1972）The agenda setting function of mass media. *Public Opinion quarterly*, No.36, pp.176-187.
Mileti, D.S. & Srensen, J.H.（1987）Natural Hazards and Precautionary Behavior. In Weinstein, N.D.（ed.）*Taking Care: Understanding and Encouraging Self-protective Behavior*, New York, Cambridge University Press.
Mileti, D.S. & Sorensen, J.H.（1988）Planning and implementing warning systems, In Lystad, M.（ed.）*Mental health response to mass emergencies: Theory and practice*, pp.321-345, Brunner/Mazel.
南方哲也（1993）『リスクマネジメントの基礎理論』長崎県立大学学術研究会.
水野博介・橋元良明・石井健一・見城武秀・福田充・辻大介・森康俊（1995）「東京都民におけるオウム報道の影響」『埼玉大学紀要』第31巻，2号，pp.63-108.
Mowbray, A.H., Blanchard, R.H. & Willams Jr., C.A.（1969）*Insurance: Its Theory and Practice in The United States*, New York, McGraw-Hill Book Company.
National Research Council（1989）*Improving Risk Communication*, Washington, DC, National Academy Press.
NHK放送文化研究所編（2005）『日本人の生活時間―NHK国民生活時間調査』NHK出版.
日本リスク研究学会編（2000）『リスク学事典』TBSブリタニカ.
岡本浩一（1992）『リスク心理学入門―ヒューマン・エラーとリスク・イメージ』サイエンス社.
Quarantelli, E. L.（1980）Evacuation Behavior and Problems: Findings and Implications from the Literature, Disaster Research Center, The Ohio State University. *Miscellaneous Report*, No.27.
Rowan, k.（1994）The technical and democratic view approach to risk situations: Their appeal, limitations, and rhetorical alternative. *Argumentation*, Vol.8, pp.391-409.
Singer,E. & Endreny,P.（1987）Reporting hazards : their benefits and costs. *Journal of Communication*, Vol.37, No.3, pp.10-26.
清水賢二・高杉文子（1990）「犯罪への不安感に関する研究」『科学警察研究所報告防犯少年編』科学警察研究所，Vol.31, No.2, pp.26-35.
Slovic, P.（1986）Informing and educating the public about risk. *Risk Analysis*, No.6, pp.402-415.

Slovic, P.(1987) Perception of risk. *Science*, No.236, pp.280-285.
Slovic, P.(2000) *The Perception of Risk*, Earthscan.
Slovic, P., Fischhoff, B. & Lichtenstein, S.(1979) Rating the Risks. *Environment*, Vol.21, No.3, pp.14-20, pp.36-39.
鈴木裕久・川上善郎・村田光二・福田充（1996）「『頑健な』災害警報作成のための研究（I）〜『東海地震警戒宣言』と『毒ガス事故』についての音声警報の実験報告」『東京大学社会情報研究所調査研究紀要』8号．pp.1-52.
鈴木裕久・川上善郎・村田光二・福田充（1997）「『頑健な』災害警報作成の方策に関する研究（II）〜テレビ警報におけるテロップの効果に関する実験報告」『東京大学社会情報研究所調査研究紀要』9号．pp.1-36.
Teingen, K.H., Brun, W. & Slovic, P.(1988) Social risks as seen by a Norwegian public. *Journal of Behavioral Decision Making*, Vol.1, pp.111-130.
東京大学大学院情報学環編（2005）『日本人の情報行動2005』東京大学出版会．
Turner, R.H.(1976) Earthquake Prediction and Public Policy: Distillations from a National Academy of Sciences Report [1]. *Mass Emergencies*, Vol.1, pp.179-202.
読売新聞社世論調査部（2002）『日本の世論』弘文堂．
山本嘉一郎・小野寺孝義編著（2002）『Amosによる共分散構造分析と解析事例』ナカニシヤ出版．
Wiegman, O., Gutteling, J.M., Boer, H. & Houwen, R.J.(1989) Newspaper coverage of hazards and the reactions of readers. *Journalism Quarterly*, Vol.66, pp.846-863.
Willet, A.H.(1901) *The Economic Theory of Risk and Insurance*, New York, Columbia University Press.

●資料1：
社会安全に対する意識とメディアによる教育に関するアンケート調査

> この度はアンケート調査にご協力してくださり、誠にありがとうございます。このアンケート調査は、社会における事件や事故などのさまざまなリスクが人々にどのように認識されているか、そしてそのリスクに対する危機管理の意識がどのような社会教育によって高められるかを明らかにするために、(財)社会安全研究財団の助成を受けて実施するものです。
>
> 　このアンケートから得られた結果は、データ入力して全体的にコンピュータによる統計処理を行います。調査票ならびに調査データは厳重に管理し、皆様の個人情報が外に漏れることは一切ありませんのでご安心ください。なお、ひとつでも無回答や誤回答があると、全体の調査結果に悪い影響を与えますので、必ずすべての質問にお答えくださいますよう、宜しくお願い致します。また、このアンケート調査についてのご質問、その他のご意見等がございましたら、下記の連絡先までご連絡ください。
>
> 　　　　　　　　　　　　　　　　　　　　　　　　　　平成15年7月
>
> 　　　　　　　　　　　　　　日本大学法学部福田研究室　　福田　充

問1　あなたは、日常生活の中で事件や事故などに巻き込まれるリスクに対して、普段どれくらい不安を感じますか。以下の1～4の中からあてはまるものを<u>1つだけ選んで</u>○をつけてください。

　　1．非常に感じる　　　　3．あまり感じない
　　2．やや感じる　　　　　4．全く感じない

問2　あなたは、日常生活の中でどのようなとき、事件や事故に巻き込まれる不安を感じますか。<u>あてはまるものすべてに</u>○をつけてください。

　　1．街の人混みの中　　　　5．暗い夜道
　　2．電車やバスの移動中　　6．夜部屋で眠っているとき
　　3．人通りの少ない路地や公園　7．学校や職場、アルバイト先
　　4．自宅にいるとき　　　　8．その他（　　　　　　　　　　）

問3　あなたは、日常生活の中でa）～g）のようなことを感じたり、したりすることがありますか。以下のそれぞれについて、「1．はい」か「2．いいえ」のいずれか1つずつを選んで○をつけてください。

	1.はい	2.いいえ
a) 最近、社会では様々な事件の発生が増えていると感じる	1	2
b) 最近、社会では様々な事故の発生が増えていると感じる	1	2
c) TVニュースやワイドショーでの事件・事故の報道をよく見る	1	2
d) 自分も事件や事故に巻き込まれるのではないかと不安になる	1	2
e) 事故や事件に巻き込まれないように、日々注意しながら生活している	1	2
f) 事件や事故の危機管理を本や雑誌、テレビ番組で学びたい	1	2
g) 事件や事故はいくら注意していても仕方がないと感じる	1	2

【危機意識（リスク認知）】
問4　あなたは、以下のa）～l）のリスク項目について、どの程度危機感を感じますか。「1．非常に危機を感じる」から「5．全く危機を感じない」までの5段階の中からそれぞれ1つずつ選んで○をつけてください。

	1 非常に危険を感じる	2 やや危険を感じる	3 どちらでもない	4 あまり危険を感じない	5 全く危険を感じない
a) 戦争	1	2	3	4	5
b) 大地震	1	2	3	4	5
c) 火事	1	2	3	4	5
d) テロ事件	1	2	3	4	5
e) 原子力発電所事故	1	2	3	4	5
f) 交通事故	1	2	3	4	5
g) 通り魔事件	1	2	3	4	5
h) 空き巣や窃盗などの犯罪	1	2	3	4	5
i) 誘拐拉致事件	1	2	3	4	5
j) ストーカー事件	1	2	3	4	5
k) 個人情報の流出	1	2	3	4	5
l) SARS等の伝染病	1	2	3	4	5

【不安感(状態不安意識)】
問5 あなたは、以下のa)～l)のリスク項目について、どの程度不安を感じていますか。「1．非常に不安である」から「5．全く不安ではない」までの5段階の中からそれぞれ1つずつ選んで○をつけてください。

	1 非常に不安である	2 やや不安である	3 どちらでもない	4 あまり不安ではない	5 全く不安ではない
a) 戦争	1	2	3	4	5
b) 大地震	1	2	3	4	5
c) 火事	1	2	3	4	5
d) テロ事件	1	2	3	4	5
e) 原子力発電所事故	1	2	3	4	5
f) 交通事故	1	2	3	4	5
g) 通り魔事件	1	2	3	4	5
h) 空き巣や窃盗などの犯罪	1	2	3	4	5
i) 誘拐拉致事件	1	2	3	4	5
j) ストーカー事件	1	2	3	4	5
k) 個人情報の流出	1	2	3	4	5
l) SARS等の伝染病	1	2	3	4	5

【リスク情報欲求】
問6 あなたは、以下のa)～l)のリスク項目について、どの程度情報を詳しく知りたいですか。「1．非常に知りたい」から「5．全く知りたくない」までの5段階の中からそれぞれ1つずつ選んで○をつけてください。

	1 非常に知りたい	2 やや知りたい	3 どちらでもない	4 あまり知りたくない	5 全く知りたくない
a) 戦争	1	2	3	4	5
b) 大地震	1	2	3	4	5
c) 火事	1	2	3	4	5
d) テロ事件	1	2	3	4	5
e) 原子力発電所事故	1	2	3	4	5
f) 交通事故	1	2	3	4	5
g) 通り魔事件	1	2	3	4	5
h) 空き巣や窃盗などの犯罪	1	2	3	4	5
i) 誘拐拉致事件	1	2	3	4	5
j) ストーカー事件	1	2	3	4	5
k) 個人情報の流出	1	2	3	4	5
l) SARS等の伝染病	1	2	3	4	5

【あなた個人の危機への対策】
問7　あなたは、以下のａ）〜ｌ）のリスク項目に対して、どの程度個人的に対策をとっていますか。「１．対策は万全である」から「５．全く対策していない」までの５段階の中からそれぞれ１つずつ選んで○をつけてください。

	1 対策は万全である	2 少し対策をとっている	3 どちらでもない	4 あまり対策していない	5 全く対策していない
ａ）戦争	1	2	3	4	5
ｂ）大地震	1	2	3	4	5
ｃ）火事	1	2	3	4	5
ｄ）テロ事件	1	2	3	4	5
ｅ）原子力発電所事故	1	2	3	4	5
ｆ）交通事故	1	2	3	4	5
ｇ）通り魔事件	1	2	3	4	5
ｈ）空き巣や窃盗などの犯罪	1	2	3	4	5
ｉ）誘拐拉致事件	1	2	3	4	5
ｊ）ストーカー事件	1	2	3	4	5
ｋ）個人情報の流出	1	2	3	4	5
ｌ）ＳＡＲＳ等の伝染病	1	2	3	4	5

【日本社会の危機への対策】
問8　以下のａ）〜ｌ）のリスク項目に対して、日本社会ではどの程度対策が整備されていると感じますか。「１．対策は万全である」から「５．全く対策できていない」までの５段階の中からそれぞれ１つずつ選んで○をつけてください。

	1 対策は万全である	2 少し対策できている	3 どちらでもない	4 あまり対策できてない	5 全く対策できてない
ａ）戦争	1	2	3	4	5
ｂ）大地震	1	2	3	4	5
ｃ）火事	1	2	3	4	5
ｄ）テロ事件	1	2	3	4	5
ｅ）原子力発電所事故	1	2	3	4	5
ｆ）交通事故	1	2	3	4	5
ｇ）通り魔事件	1	2	3	4	5
ｈ）空き巣や窃盗などの犯罪	1	2	3	4	5
ｉ）誘拐拉致事件	1	2	3	4	5
ｊ）ストーカー事件	1	2	3	4	5
ｋ）個人情報の流出	1	2	3	4	5
ｌ）ＳＡＲＳ等の伝染病	1	2	3	4	5

【パニック現象への意識】
問9　あなたが以下のa）〜l）のリスク項目に直面した場合、あなた自身はどの程度パニック状態に陥ると思いますか。「1．非常にパニックを感じる」から「5．全くパニックを感じない」までの5段階の中からそれぞれ1つずつ選んで○をつけてください。

	1 非常にパニックを感じる	2 ややパニックを感じる	3 どちらでもない	4 あまりパニックを感じない	5 全くパニックを感じない
a）戦争	1	2	3	4	5
b）大地震	1	2	3	4	5
c）火事	1	2	3	4	5
d）テロ事件	1	2	3	4	5
e）原子力発電所事故	1	2	3	4	5
f）交通事故	1	2	3	4	5
g）通り魔事件	1	2	3	4	5
h）空き巣や窃盗などの犯罪	1	2	3	4	5
i）誘拐拉致事件	1	2	3	4	5
j）ストーカー事件	1	2	3	4	5
k）個人情報の流出	1	2	3	4	5
l）SARS等の伝染病	1	2	3	4	5

【危機に対する知識】
問10　あなたは、以下のa）〜l）のリスク項目について、どの程度知識を持っていますか。「1．とても知識がある」から「5．全く知識がない」までの5段階の中からそれぞれ1つずつ選んで○をつけてください。

	1 とても知識がある	2 やや知識がある	3 どちらでもない	4 あまり知識がない	5 全く知識がない
a）戦争	1	2	3	4	5
b）大地震	1	2	3	4	5
c）火事	1	2	3	4	5
d）テロ事件	1	2	3	4	5
e）原子力発電所事故	1	2	3	4	5
f）交通事故	1	2	3	4	5
g）通り魔事件	1	2	3	4	5
h）空き巣や窃盗などの犯罪	1	2	3	4	5
i）誘拐拉致事件	1	2	3	4	5
j）ストーカー事件	1	2	3	4	5
k）個人情報の流出	1	2	3	4	5
l）SARS等の伝染病	1	2	3	4	5

資料1　127

【リスクに対するメディア情報源】
問11　あなたは、以下のa）からl）のようなリスク項目に関する知識をどのようなメディアから得ていますか。以下の「1．テレビ」から「6．知人の話」の中から、それぞれに関して主な情報源となっているものを、それぞれ1つずつ選んで○をつけてください。そうした情報を得ていない場合には「7．なし」とお答えください。

	1 テレビ	2 新聞	3 雑誌	4 本	5 インターネット	6 知人の話	7 なし
a）戦争	1	2	3	4	5	6	7
b）大地震	1	2	3	4	5	6	7
c）火事	1	2	3	4	5	6	7
d）テロ事件	1	2	3	4	5	6	7
e）原子力発電所事故	1	2	3	4	5	6	7
f）交通事故	1	2	3	4	5	6	7
g）通り魔事件	1	2	3	4	5	6	7
h）空き巣や窃盗などの犯罪	1	2	3	4	5	6	7
i）誘拐拉致事件	1	2	3	4	5	6	7
j）ストーカー事件	1	2	3	4	5	6	7
k）個人情報の流出	1	2	3	4	5	6	7
l）SARS等の伝染病	1	2	3	4	5	6	7

【社会安全・危機管理の社会政策に対する意識】
問12　社会安全や危機管理の問題に対して、社会政策はどのようにあるべきだと思いますか。以下のa）～h）の項目について、あなたはどう思うか、「1．はい」か「2．いいえ」のいずれか1つずつを選んで○をつけてください。

	1.はい	2.いいえ
a) 防犯対策を高めるための教育を学校でもっと行うべきだ	1	2
b) 社会保障の一環としてもっと社会安全の対策に税金を使うべきだ	1	2
c) 個人の安全は国や自治体に頼るのではなく個人の力で対応すべきだ	1	2
d) 治安対策のために警察官や警察署の数を増やすべきだ	1	2
e) 社会安全のためには法律の厳罰化が必要だ	1	2
f) 有害情報の取り締まりをもっと強化すべきだ	1	2
g) マスコミが社会安全・危機管理に対するキャンペーンを行うべきだ	1	2
h) 社会安全・危機管理のために地域社会がもっと結束すべきだ	1	2

【社会安全・危機管理意識向上のための施策】
問13　社会安全や危機管理への意識を高めるために強化すべき点は何だと思いますか。a）～g）の項目それぞれについて、あなたがそう思う場合には「1．はい」、そう思わない場合には「2．いいえ」を1つずつ選んで○をつけてください。

	1. はい	2. いいえ
a）家庭での教育	1	2
b）学校での教育	1	2
c）大学、研究者による社会安全・危機管理研究	1	2
d）地域社会でのコミュニケーションの活発化	1	2
e）社会安全・危機管理に関するイベント	1	2
f）警察、消防等による監視	1	2
g）犯罪に対する刑罰の厳罰化	1	2

【社会安全教育のための教育方法】
問14　社会安全・危機管理意識を高めるために有効な社会教育方法は何だと思いますか。以下のa）～o）の項目について、あなたがそう思う場合には「1．はい」、そう思わない場合には「2．いいえ」を1つずつ選んで○をつけてください。

	1. はい	2. いいえ
a）家庭での親や家族によるしつけ	1	2
b）小中学校での道徳教育	1	2
c）小中学校での社会安全・危機管理教育	1	2
d）高校での道徳教育	1	2
e）高校での社会安全・危機管理教育	1	2
f）大学での社会安全・危機管理に関する専門教育	1	2
g）大学等における社会安全・危機管理研究	1	2
h）テレビニュースによる事件報道	1	2
i）テレビのワイドショーによる事件報道	1	2
j）テレビの情報番組等での危機管理に関する特集	1	2
k）新聞記事による事件報道	1	2
l）週刊誌、オピニオン誌などの雑誌による事件報道	1	2
m）テレビや新聞、雑誌を使った公共広告	1	2
n）街頭ポスター、チラシによる広告	1	2
o）社会安全、危機管理に関するシンポジウム	1	2

【普段よく利用するメディア】
問15 あなたは、以下のa)～k)のメディアについて、ふだんどれくらい利用しますか。「1．毎日利用する」から「5．全く利用しない」までの5段階の中からそれぞれ1つずつ選んで○をつけてください。

	1 毎日利用する	2 よく利用する	3 どちらでもない	4 あまり利用しない	5 全く利用しない
a）テレビニュース	1	2	3	4	5
b）テレビのワイドショー	1	2	3	4	5
c）テレビの情報番組	1	2	3	4	5
d）一般紙	1	2	3	4	5
e）スポーツ紙	1	2	3	4	5
f）週刊誌	1	2	3	4	5
g）本	1	2	3	4	5
h）マンガ	1	2	3	4	5
i）テレビゲーム	1	2	3	4	5
j）インターネットのWebサイト	1	2	3	4	5
k）ラジオ	1	2	3	4	5

【普段よく利用するＴＶ番組・新聞】
問16 あなたは、以下のa)～j)のメディアについて、ふだんどれくらい利用しますか。「1．毎日利用する」から「5．全く利用しない」までの5段階の中からそれぞれ1つずつ選んで○をつけてください。

	1 毎日利用する	2 よく利用する	3 どちらでもない	4 あまり利用しない	5 全く利用しない
a）『ＮＨＫニュース』	1	2	3	4	5
b）『ニュース２３』	1	2	3	4	5
c）『ニュースステーション』	1	2	3	4	5
d）『読売新聞』	1	2	3	4	5
e）『朝日新聞』	1	2	3	4	5
f）『毎日新聞』	1	2	3	4	5
g）『産経新聞』	1	2	3	4	5
h）『週刊文春』	1	2	3	4	5
i）『週刊現代』	1	2	3	4	5
j）『ＳＡＰＩＯ』	1	2	3	4	5

【信頼できるメディア】
問17 あなたは、以下のa）～i）のメディアの情報について、どれくらい信用していますか。「1．とても信用している」から「5．全く信用していない」までの5段階の中からそれぞれ1つずつ選んで○をつけてください。

	1 とても信用している	2 やや信用している	3 どちらでもない	4 あまり信用していない	5 全く信用していない
a）テレビニュース	1	2	3	4	5
b）テレビのワイドショー	1	2	3	4	5
c）テレビの情報番組	1	2	3	4	5
d）新聞	1	2	3	4	5
e）週刊誌	1	2	3	4	5
f）オピニオン誌	1	2	3	4	5
g）本	1	2	3	4	5
h）インターネットのWEBサイト	1	2	3	4	5
i）ラジオ	1	2	3	4	5

【メディア利用一般について】
問18 あなたはふだん（休日を除く）1日にテレビをどのくらい見ていますか。以下の中からあてはまるものを1つだけ選んで○をつけてください。

1　ほとんど見ない　　　　　　4　2時間以上～3時間未満
2　1時間未満　　　　　　　　5　3時間以上～4時間未満
3　1時間以上～2時間未満　　 6　4時間以上

問19 あなたは、ふだん（休日を除く）1日に新聞（朝・夕刊あわせて）をどのくらい読みますか。以下の中からあてはまるものを1つだけ選んで○をつけてください。

1　新聞は読まない　　　　　　5　45分以上～1時間未満
2　15分未満　　　　　　　　　6　1時間以上～1時間半未満
3　15分以上～30未満　　　　 7　1時間半以上～2時間未満
4　30分以上～45分未満　　　 8　2時間以上

問20 あなたは、ふだんどのくらいの頻度でインターネットのwebサイトにアクセスしていますか。自宅、学校、職場などの利用をすべて含めた頻度について、以下の中からあてはまるものを1つだけ選んで○をつけてください。

1　ほとんど利用しない　　　　5　週に4～6回程度
2　月に数回程度　　　　　　　6　1日に1回程度
3　週に1回程度　　　　　　　7　1日に2～3回程度
4　週に2～3回程度　　　　　 8　1日4回以上

問21　あなたは一般的な「戦争」に関してどのような意見を持っていますか。以下のAとBの2つの質問群のそれぞれについて、あてはまるものを1つずつ選んで○をつけてください。

A)
1．非常に嫌い
2．どちらかと言うと嫌い
3．どちらとも言えない
4．どちらかと言うと好き
5．非常に好き

B)
1．世界には必要不可欠である
2．なくすことができない必要悪である
3．どちらとも言えない
4．なくせるものならなくした方がよい
5．世界から絶対になくすべきである

問22　以下の1～20のリスクに関する項目について、あなたはどの程度不安を感じていますか。「1．非常に不安である」から「4．全く不安ではない」の4段階の中から、あてはまるものをそれぞれ1つずつ選んで○をつけてください。

	1 非常に不安である	2 やや不安である	3 あまり不安ではない	4 全く不安ではない
1. 詐欺やマルチ商法の被害	1	2	3	4
2. ウィルスや伝染性の病気になること	1	2	3	4
3. 空き巣や窃盗などの犯罪にあうこと	1	2	3	4
4. 交通事故の加害・被害	1	2	3	4
5. 日常生活において接触する化学物質の健康への影響	1	2	3	4
6. 地震、台風など自然災害の被災	1	2	3	4
7. 外国からの攻撃により戦争に巻き込まれること	1	2	3	4
8. 火事による被害	1	2	3	4
9. 携帯電話や家電製品から発する電磁波の影響	1	2	3	4
10. あなた自身や高齢家族の老後の生活	1	2	3	4
11. テロや無差別殺人事件による被害	1	2	3	4
12. 近隣地域での大気汚染、騒音などの公害	1	2	3	4
13. 病院での医療ミスや院内感染の被害	1	2	3	4
14. 失業や倒産により家庭生活が行き詰まること	1	2	3	4
15. 年金や社会保障が将来的に充分に支給されない恐れ	1	2	3	4
16. 自分のこども（あるいは孫）の教育やしつけの仕方	1	2	3	4
17. 個人情報やデータが流出し、勝手に利用されること	1	2	3	4
18. 賃金カットなど収入減による家庭生活への影響	1	2	3	4
19. 生活習慣から生じる成人病などの病気	1	2	3	4
20. 原子力施設の事故による放射能汚染の被害	1	2	3	4

【フェイスシート】　　　　　最後にあなたご自身についてうかがいます。

F1　あなたの性別はどちらですか。
　　　　1．男　　　　2．女

F2　あなたの年齢はおいくつですか。
　　　　（　　　　　　　）歳

F3　あなたが最後に在学された学校（在学中も含む）は以下のどれですか。一つだけ選んでください。
　　1　中学（旧制高等小学校）
　　2　高校（旧制中学校、旧制高等女学校）
　　3　各種専門学校
　　4　短期大学（旧制高校、高等専門学校）
　　5　大学（在学中も含む）
　　6　大学院以上

F4　あなたのご職業は以下のどれですか。一つだけ選んでください。
　　1　会社団体役員（会社社長、会社役員、その他の各種団体の理事など）
　　2　自営業主（商店主、工場主、その他の各種サービス業の事業主）
　　3　自由業（文筆家、音楽家、デザイナー、職業スポーツ選手、宗教家など）
　　4　専門・技術職（医師、弁護士、教員など）
　　5　専門・技術職（コンピュータ関連）
　　6　管理職（会社・団体などの課長以上、管理的公務員など）
　　7　事務職（一般事務員、係長以下の公務員など一般サラリーマン）
　　8　販売・サービス業（販売店員、セールスマン、理容師、美容師、調理師など）
　　9　保安職（警察官、自衛官、海上保安官、ガードマン）
　　10　パート・アルバイト
　　11　専業主婦
　　12　学生
　　13　無職
　　14　その他

F5　住所はどちらですか？
　　　　（　　　　　　　　　）都道府県　（　　　　　　　　　）市・郡

F6　あなたが今、一緒に暮らしている方はあなたを含めて何人ですか。
　　　　（　　　　　　　　）人

～アンケートはこれで終わりです。
　　　　ご協力いただきましてありがとうございました。

●資料２：
日常生活におけるテレビＣＭに関するアンケート

《ごあいさつ》
本日は年末のお忙しいところ、私たちのアンケート調査にご協力頂きましてまことにありがとうございます。この調査では実際にテレビコマーシャルをご覧頂き、その感想などをお伺いするものです。

このアンケート調査はデータをコンピュータに入力し、統計的に処理しますので、皆様のお名前や回答が公開されることはありません。データも厳重に保管いたしますので、安心してお答え下さい。なお、無回答や誤回答がありますと、調査結果全体に影響が出ますので、くれぐれも間違いのないように最後まで全ての質問にお答え下さい。

《アンケート記入に際して》
◆回答の際には質問をよく読み、指示にしたがってお答え下さい。ご記入は、黒または青の鉛筆・ペン・ボールペンではっきりお願い致します。
◆回答項目が用意されている質問では、当てはまる項目番号（１、２、３…）を○印で囲んで下さい。また、その回答が『その他（具体的に記入　　　）』に当てはまるものがある場合には、ご面倒でも○印をつけた上で、その内容を（　　　）内になるべく具体的にご記入下さい。

【例題】Q　あなたは、ふだん１ヶ月でどれくらいの雑誌（月刊誌・週刊誌）を読みますか。あてはまるものに１つだけ○をつけて下さい。

　　１．１１誌以上　　　４．５〜６誌　　　　７．ほとんど読まない
　　２．９〜１０誌　　　５．３〜４誌
　　③．７〜８誌　　　　６．１〜２誌

【例題】Q　あなたはふだん次のようなテレビの見方をすることがありますか。項目ごとに１〜４のうち、ひとつずつ選んで、○をつけて下さい。

	かなりあてはまる	まやあてはまる	あまりあてはまらない	あてはまらない
１）見たい番組がある時だけテレビをつけておく	１	②	３	４
２）コマーシャルの間は別のチャンネルに切り換える	１	２	３	④

　　　　　　　　　　　整理番号　※何も記入しないで下さい。　[　　　]

あなたが普段の日常生活において感じているリスクに対する不安について、以下の質問にお答えください。

質 問 文	常に不安を感じる	ときどき不安を感じる	あまり不安を感じることはない	全く不安を感じることはない
●問1　日常生活におけるリスク意識 次の12の項目について、あなたは日常生活の中で、どの程度不安を感じますか。それぞれの項目について、4段階の中から一つずつを選んで○印をつけて下さい。該当しない項目については、「4．全く不安を感じることはない」を選んで下さい。 （注：お考えいただくに当たっては、社会一般についてのお考えではなくて、あなたご自身とご家族・親族など身内に影響が及ぶもの（場合）としてお答え下さい。） 　　　　　　　　　（○印はそれぞれひとつ）				
1）ふだん食べている食物の安全	1	2	3	4
2）ふだん食べている食物の栄養のバランス	1	2	3	4
3）ふだん飲んでいる飲み物の安全	1	2	3	4
4）ふだん飲んでいる飲み物の栄養のバランス	1	2	3	4
5）自分の髪型や容姿	1	2	3	4
6）自分の体調や健康	1	2	3	4
7）自分のにおいや清潔感	1	2	3	4
8）家族の居住環境（家や家具、電化製品など）	1	2	3	4
9）家庭の中の衛生環境（カビや臭いなど）	1	2	3	4
10）家族の乗っている車	1	2	3	4
11）自分や家族が入っている保険	1	2	3	4
12）自分の仕事に関するトラブル	1	2	3	4

質問文	回答欄
●問2　リスク意識 次の20の項目について、あなたは日常生活の中で、どの程度不安を感じますか。それぞれの項目について、4段階の中から一つずつを選んで○印をつけて下さい。 （注：お考えいただくに当たっては、社会一般についてのお考えではなくて、あなたご自身とご家族・親族など身内に影響が及ぶもの（場合）としてお答え下さい。） （○印はそれぞれひとつ）	常に不安を感じる ／ ときどき不安を感じる ／ あまり不安を感じることはない ／ 全く不安を感じることはない
1）詐欺やマルチ商法の被害	1　2　3　4
2）ウィルスに感染したり、伝染性の病気にかかること	1　2　3　4
3）空き巣や窃盗などの犯罪にあうこと	1　2　3　4
4）交通事故の加害・被害	1　2　3　4
5）日常生活において接触する化学物質の健康への影響	1　2　3　4
6）地震、台風など自然災害の被災	1　2　3　4
7）外国からの攻撃により戦争に巻き込まれること	1　2　3　4
8）火事による被害	1　2　3　4
9）携帯電話や家電製品から発する電磁波の影響	1　2　3　4
10）あなた自身や高齢家族の老後の生活	1　2　3　4
11）テロや無差別殺人事件による被害	1　2　3　4
12）近隣地域での大気汚染、騒音などの公害	1　2　3　4
13）病院での医療ミスや院内感染の被害	1　2　3　4
14）失業や倒産により家庭生活が行き詰まること	1　2　3　4
15）年金や社会保障が将来的に充分に支給されない恐れ	1　2　3　4
16）自分や親戚のこども（孫）の教育やしつけの仕方	1　2　3　4
17）個人情報やデータが流出し、勝手に利用されること	1　2　3　4
18）賃金カットなど収入減による家庭生活への影響	1　2　3　4
19）生活習慣から生じる成人病などの病気	1　2　3　4
20）原子力施設の事故による放射能汚染の被害	1　2　3　4

※この後の問3～問17は別調査のため省略。

ここからあなたご自身やご家族のことについてお伺いします。

●問18　あなたは以下のａ）～Ｋ）のような問題についてどれくらい関心がありますか。あてはまるものを1つずつ選んで○をつけて下さい。

	とても関心がある	少し関心がある	あまり関心がない	全く関心がない
ａ）政治問題	1	2	3	4
ｂ）経済問題	1	2	3	4
ｃ）国際関係問題	1	2	3	4
ｄ）高齢社会問題	1	2	3	4
ｅ）教育問題	1	2	3	4
ｆ）職場での人間関係	1	2	3	4
ｇ）趣味、レジャー	1	2	3	4
ｈ）家族関係の問題	1	2	3	4
ｉ）健康問題	1	2	3	4
ｊ）身だしなみ	1	2	3	4
Ｋ）ファッション	1	2	3	4

●問19　保険に関する以下のａ）～ｄ）の点について、あなた自身どれくらいあてはまりますか。あてはまるものを1つずつ選んで○をつけて下さい。

	とてもあてはまる	ややあてはまる	あまりあてはまらない	全くあてはまらない
ａ）今、新しい保険を探しているところだ	1	2	3	4
ｂ）現在入っている保険に不安を感じている	1	2	3	4
ｃ）普段保険のことなどあまり考えたことがない	1	2	3	4
ｄ）保険には入っていない	1	2	3	4

●問20　あなたは以下のａ）～ｈ）のメディアの広告をどれくらい見ますか。それぞれ1つずつ選んで○をつけて下さい

	とてもよく見る	ときどき見る	あまり見ない	全く見ない	その媒体に接しない
ａ）テレビＣＭ	1	2	3	4	5
ｂ）ラジオＣＭ	1	2	3	4	5
ｃ）新聞広告	1	2	3	4	5
ｄ）雑誌広告	1	2	3	4	5
ｅ）インターネット上の広告	1	2	3	4	5
ｆ）折込チラシ	1	2	3	4	5
ｇ）街中の看板	1	2	3	4	5
ｈ）電車の車内広告	1	2	3	4	5

●問21　あなたは、ふだん1日でどれくらいの時間、テレビを見ますか。あてはまるものに1つだけ○をつけて下さい。

1．4時間以上
2．3時間以上～4時間未満
3．2時間以上～3時間未満
4．1時間以上～2時間未満
5．30分以上～1時間未満
6．30分未満
7．ほとんど見ない

●問22　あなたは、ふだん1日でどれくらいの時間、新聞を読みますか。あてはまるものに1つだけ○をつけて下さい。家庭外の新聞接触（職場や通勤電車など）も含みます。

1．1時間以上
2．50分程度
3．40分程度
4．30分程度
5．20分程度
6．10分程度
7．ほとんど読まない

●問23　以下にあげる1）～15）のことがらについて、あなたにどの程度あてはまりますか。1～4のうち、1つずつ選んで○をつけて下さい。

	とてもあてはまる	ややあてはまる	あまりあてはまらない	あてはまらない
1）新しいことには何にでもチャレンジしてみる方だ	1	2	3	4
2）新しい商品が出るとすぐに欲しくなる	1	2	3	4
3）どんなことでも、できるだけ詳しく徹底的に知ろうとする方だ	1	2	3	4
4）みんなが知っていて、自分が知らないことがあると恥ずかしい	1	2	3	4
5）リーダーシップをとるのが得意である	1	2	3	4
6）他の人より頻繁に買い物をする	1	2	3	4
7）よく衝動買いをする	1	2	3	4
8）流行に敏感である	1	2	3	4
9）他の人が何か新しいものを持っていると自分も欲しくなる	1	2	3	4
10）人を信用しやすい	1	2	3	4
11）今の生活を、より快適にしたいと思う	1	2	3	4
12）日頃から万が一への備えを心がけている	1	2	3	4
13）将来のことを考えて禁欲するよりも、現在を楽しく生きたい	1	2	3	4
14）ときどきぼんやりと不安を感じることがある	1	2	3	4
15）外出していると自宅や家族のことが心配になる	1	2	3	4
16）コツコツ努力すれば報われる社会だと思う	1	2	3	4
17）生きる目標をはっきりと持っている	1	2	3	4
18）将来のことをよく考えながら生活設計をしている	1	2	3	4
19）いつもやらなければならないことに追われているように感じる	1	2	3	4
20）まわりの人が自分のことをどのように考えているのか気になる	1	2	3	4

【フェイスシート】
●問24　あなたの性別はどちらですか。
　　　　1．男　　　2．女

●問25　あなたの年齢を具体的な数字で記入してください。
　　　　（　　　　　　　）歳

●問26　あなたの職業について、あてはまるものを1つだけ選んで○をつけて下さい。
　1．会社役員　　　　　　6．公務員（研究者以外）　　11．専業主婦
　2．会社員（管理職）　　7．自営業　　　　　　　　　12．学生
　3．会社員（事務系）　　8．専門職（医師・弁護士等）13．無職
　4．会社員（労務系）　　9．自由業　　　　　　　　　14．その他
　5．教職員・研究者　　 10．パート・アルバイト　　　　（具体的に　　　　　）

●問27　あなたが最後に在籍していた、または現在在籍中の学校は、次のどれですか。
　1．中学校　　　　　　　4．大学
　2．高校　　　　　　　　5．大学院
　3．短大・専門学校　　　6．その他（具体的に　　　　　　　）

●問28　あなたの同居されている家族の人数は自分を含めて何人ですか。
　　　　（　　　　　　　）人

●問29　あなたは結婚されていますか。
　1．結婚していない（結婚していたが今は単身）　　2．結婚している

●問29付問1　問29で「1．結婚していない」とお答えの方にうかがいます。
あなたのご両親はご存命ですか。あてはまるものすべてに○をつけて下さい。
　1．両親2人とも健在　　2．父親は健在　　3．母親は健在

●問29付問2　問29で「2．結婚している」とお答えの方にうかがいます。
あなたのライフステージは以下のどれに当てはまりますか．あてはまるものを
1つだけ選んで○をつけて下さい。
　1．結婚後3年以上子どもなし　　　5．末子が高校・大学・大学院在学
　2．結婚後3年以内子どもなし　　　6．末子が社会人
　3．末子が未就学　　　　　　　　　7．子どもが独立して夫婦のみ
　4．末子が小中学校在学

●問29付問3　問29で「2．結婚している」とお答えの方にうかがいます。
あなたのご両親はご健在ですか。現在ご健在の方すべてに○をつけて下さい。
　1．実父　　2．実母　　3．義父　　4．義母

●問30　再び全員におたずねします。
現在，ご両親様（どなたかお一人でも）と同居されていますか。
　1．同居している　　　　2．同居していない

　　　　　　　　　　　　以上で終わりです。ご協力ありがとうございました。

事項索引

ア 行

朝日新聞　37
アスベスト　69, 71
アフガニスタン戦争　32
安心（security）　31, 34, 35, 81
安全（sefety）　16, 31, 34, 35, 81
遺伝子組み換え食品　10
イラク戦争　32
イラク日本人人質事件　51
因子分析　28, 86〜88, 96
インターネット　21, 24, 63, 65, 67, 68, 82, 88
インフレ　17
ウィルス　7, 69, 73, 75, 82, 84, 99
エコロジー　11
NHK 国民生活時間調査　82
オウム真理教　32, 33, 37, 43
オムニバス調査　85
温暖化　10

カ 行

核兵器　10, 29
火事　51, 53, 83, 86, 98, 99
環境問題　10, 11, 18, 27, 71
危機　6, 16, 23, 24, 56
危機管理（crisis management）　20, 34, 37, 45, 47, 48, 51, 52, 90, 93〜95, 97
危険（danger, peril）　16
気候変動　10
基礎リスク（fundamental risk）　17
議題設定（agenda setting）　74
議題設定機能（agenda setting function）　38
北朝鮮による誘拐拉致事件　34
北朝鮮の不審船事件　37
喫煙　27
9.11 テロ事件　11, 22, 43
共助　94, 101
恐怖説得コミュニケーション　40, 56, 80
共分散構造分析　87, 89, 90
緊急警報システム（EAS）　22

金融危機　6, 11
クライシス（crisis）　16, 24
クライシス・コミュニケーション（crisis communication）　22〜24
クライシス・マネジメント　20
グローバル・リスク　32
グローバル・リスク社会　11, 51, 68
クローン技術　10
原子力安全基盤機構　49
原子力エネルギー　9
原子力発電　27〜29
原子力発電所　49
原子力発電所事故（原発事故）　10, 17, 36, 38, 53, 55, 56, 58, 59, 70, 71, 74, 98, 99
豪雨水害　23
航空機事故　13
広告　8, 49, 80, 81, 82, 100
公助　94, 101
洪水　36
交通事故　11, 12, 17, 34, 36, 51, 53〜56, 69, 71, 74, 83, 84, 86, 98, 99
強盗　17
高齢化　6
国際テロリズム　11, 32
国土安全保障省（DHS）　32
互助　94, 101
個人的リスク（personal risk）　36
コンティンジェンシー・リスク　18

サ 行

災害心理学　60
再帰的近代　9〜11
再帰的近代化　17, 18, 30, 51
財団法人社会安全研究財団　49
財団法人吉田秀雄記念事業財団　50, 85
作業仮説　48
作為抽出法　48
SARS　53, 54, 57, 59, 66, 84, 98
雑誌　21, 24, 33, 37, 38-9, 52, 82, 88, 95, 96
殺人事件　17, 36

JCO 臨界事故　34, 37
自助　94, 101
地震　9, 17, 18, 23, 34, 36, 51, 53～55, 57～59, 61, 62, 66, 69, 71, 74, 75, 77, 78, 83, 84, 98
自然災害　15, 17～19, 21, 23, 31, 36, 51, 74, 83, 84
自宅の耐震性　69, 73, 75
失業　17
実験　8
疾病　17
質問紙調査　7, 8, 85
自動車事故　17, 27
社会安全　48, 93～95, 97
社会教育　46, 47, 91, 93, 95, 97～101
社会調査　7, 8, 33, 45, 46, 48～50, 90, 101
社会の関心　52
社会的リスク（social risk）　36
社会保障　6, 10, 69, 71, 73, 75, 83, 84
社会保障問題　69
重回帰分析　67, 68, 100
週刊誌　37, 64, 80
集合調査法　48, 50
就職難　6
受動的リスク（involuntary risk）　17, 18
シュピーゲル　38
情報アクセス　75～78, 90
受容できるリスク（acceptable risk）　14
純粋リスク（pure risk）　16, 17
少子化　6
情報公開　101
情報処理プロセス　26
情報ニーズ　53, 57～60, 63
食肉偽装　6
新型インフルエンザ　6, 10, 21
新聞　7, 8, 11, 21, 24, 32, 33, 36～38, 41, 42, 63, 64, 66, 73, 80～82, 88, 95, 96, 99～101
ストーカー事件　53～55, 98, 99
スポーツ紙　64, 80
スリーマイル島原発事故　11
正常化の偏見（normalcy bias）　23
静態的リスク（static risk）　17
窃盗　17, 51, 53, 56, 69, 71, 74, 86, 98
戦争　53～59, 61, 62, 66, 69～72, 74, 83, 86, 98, 99

層化抽出法　49-50
相関関係　98

タ　行

ダイオキシン　10
大規模事故　17
耐震偽装　73, 74
対テロ戦争（war on terror）　32, 70
台風　9, 17, 18, 23, 51, 83, 84
多次元尺度法（MDS：Multi Dimensional Scaling）　55, 61, 70, 72, 87
チェルノブイリ原発事故　11
地下鉄サリン事件　32～34, 37, 43
中央情報局（CIA）　32
津波　23
テポドン・ミサイル　6
テレビ　8, 11, 21, 22, 24, 32, 33, 36～38, 40～42, 52, 63, 65～68, 73, 80～82, 88, 95, 96, 99～101
テロ（terror）　7, 32, 41, 43, 51, 56, 69～72, 74～78, 83, 86, 99
テロ警報システム　22
テロ事件　34, 36, 43, 51, 53, 57～59, 61, 66, 70, 98, 99
テロ対策　11, 26, 32
テロとの戦い　32, 70
テロリズム　11, 22, 32, 33, 43, 70, 77, 78
電通　85
投機的リスク（speculative risk）　16, 17
同時多発テロ事件　32, 34, 37
動態的リスク（dynamoc risk）　17
通り魔事件　53, 56, 98, 99
毒入り餃子事件　6, 10, 43
特殊リスク（particular risk）　17
都市災害　15
土砂崩れ　23
土石流災害　23
豊岡豪雨水害　23
鳥インフルエンザ　10, 69, 73, 75

ナ　行

内容分析　7, 37, 41, 42, 80
那須集中豪雨水害　23
新潟県中越沖地震　31

事項索引　141

新潟・福島豪雨水害　23
二段無作為抽出法　49
日本海不審船事件　34
日本リスク研究学会　19
年金制度　10, 31
年金問題　31, 74, 86
能動的リスク（voluntary risk）　17

ハ 行

バイオウォッチ・プログラム　22
バイオハザード　15
培養理論・涵養理論（cultivation theory）　42
ハザード（hazard）　16, 24, 86～88
パス解析モデル　77, 78
パニック　39, 56, 59, 60, 93
パニック心理学　60
ハリケーン・カトリーナ　22
晩婚化　6
阪神淡路大震災　34, 37, 43
BSE 狂牛病問題　10
ヒューマン・エラー　19
不安社会　7
豚インフルエンザ　10
米国リスク学会　19
ペルー日本大使館人質事件　34
訪問面接調査法　49
本　21, 52

マ・ヤ行

メッセージ　21, 23
メディア・イベント（media event）　32, 43
メディア教育　48
メディア・コミュニケーション　12
メディア・スクラム（集団的過熱報道）　74
メディア報道　39, 41, 42, 44, 52, 78, 96, 97, 101
誘拐拉致事件　53～55, 98, 99
ユビキタス　12

ラ 行

ラジオ　22, 64, 88
リスク・アセスメント　20, 59
リスク意識　8, 26, 36, 43, 44, 46～49, 52, 54, 57, 61, 62, 67, 68, 74, 80～82, 90, 100, 101
リスク・イベント（risk event）　43, 44

リスク喚起メッセージ　39
リスク管理（risk management　リスク・マネジメント）　20, 26
リスク源（risk source リスク・ソース）　20, 26
リスク個人化　13
リスク・コミュニケーション（risk communication）　7, 8, 20～27, 31, 36, 37, 39，41, 43～47, 49, 51, 59, 61, 63, 78, 80, 91, 93, 101, 102
リスク・コントロール　9, 18, 26, 51, 59, 101
リスク社会　7, 8, 10, 13, 14, 16, 26, 30～32, 35, 36, 38, 40, 41, 43, 51, 68, 80, 93, 95, 97, 100, 103
リスク社会学　8, 18
リスク消費社会　80, 81, 90
リスク・ソース　20, 59
リスク低減メッセージ　39
リスク認知（risk perception　リスク・パーセプション）　19, 20, 26～28, 30, 41～43, 46, 51, 53, 54, 56, 57, 59, 60, 63, 75, 76, 78, 79, 90, 100, 101
リスクのグローバル化　11
リスクの個人化　26
リスクの社会増幅理論（social amplification of risuku）　43, 44, 74
リスクの平等化　12
リスクの不可視化　12
リスクの普遍化　11, 18
リスクの偏在化　12
リスク・パーセプション　20, 59
リスク評価（リスク・アセスメント）　26
リスク不安　8, 26, 27, 31, 43, 46, 47, 51, 54, 57, 59～61, 63, 67, 68, 75～79, 84～86, 88～90, 98～100
リスク・マネジメント　14, 20, 25, 59
リスク・メッセージ（risk message）　21, 22, 37, 38, 44, 78, 80, 81, 93, 100
リスク・リテラシー（risk literacy）　8, 47, 92～95, 98～100, 102
リーマンショック　6
理論仮説　47, 48, 61, 68, 79, 90, 98, 100, 101
連邦調査局（FBI）　32
連邦通信委員会（FCC）　22
労働災害　15

人名索引

Baumann, Z.　13
Beck, U.　9〜13, 15, 17〜19, 26, 30〜32, 38, 40, 41, 51
Bernstein, P.L.　14, 15
Combs, B. & Slovic, P.　41
Covello, V.T. et al.　22
Drabek, T.E.　23
Englander, T. et al.　28
Fiorino, D.J.　101
Gerbner, G.　42
Giddens, A.　13
Janis, I.L. & Feshbach, S.　40
Kasperson, R.E. et al.　43
Keeney, R.L. & von Winterfeldt, D.　44, 45
Kulp, C.A. & Hall, J.W.　17, 18
Lumann, N.　18
Mileti, D.S. & Sorensen, J.H.　23
Mowbray, A.H. et al.　16, 18
National Research Council　16, 21
Quarantelli, E.L.　23
Rowan, K.　102
Singer, E. & Endreny, P.　42, 65
Slovic, P.　27, 28
Turner, R.H.　23
Wiegman, O. et al.　42, 65
Willet, A.H.　17, 18

麻生太郎　31
安倍晋三　30
池田謙一　26
岡本浩一　17
オバマ（バラク）　32
吉川肇子　16, 44
鈴木裕久　22
日本リスク研究学会　15, 19, 26
橋元良明　33
鳩山由紀夫　31
廣井脩　22, 23
廣井脩ら　23
広瀬弘忠　24
福田充　21, 23, 31〜33, 48, 49, 51〜53, 65, 68, 69, 72, 98
福田充ら　49, 50, 80〜82, 85, 86, 89
福田康夫　30
ブッシュ（ジョージ）　32
星野周弘　34
南方哲也　17
読売新聞社　35

著者紹介

福田　充（ふくだ　みつる）

1969 年	兵庫県西宮市に生まれる
1995 年	東京大学大学院社会学研究科社会情報学専攻 修士課程修了（社会学修士）
1999 年	東京大学大学院人文社会系研究科社会文化研究専攻博士 課程単位取得退学
1999 年	常磐大学人間科学部コミュニケーション学科　専任講師
2002 年	日本大学法学部　専任講師
2005 年	日本大学法学部　助教授
2008 年	コロンビア大学　戦争と平和研究所　客員研究員を兼任
2010 年	日本大学法学部　教授
2016 年現在	日本大学危機管理学部　教授 日本大学大学院新聞学研究科　教授

他にも、内閣官房委員会委員、埼玉県危機・防災懇話会委員などを歴任。専門分野は、危機管理学、リスク・コミュニケーション、災害対策、テロ対策など。

（主要著作）

『大震災とメディア―東日本大震災の教訓』（編著）北樹出版、2012 年
『テロとインテリジェンス』慶應義塾大学出版会、2010 年
『メディアとテロリズム』新潮新書、2009 年
『テレビニュースの世界像』（共著）勁草書房、2007 年
『テロ対策入門』（共著）亜紀書房、2006 年
『変容するメディアとニュース報道』（共著）丸善出版、2001 年
『映像メディアの展開と社会心理』（共著）北樹出版、1999 年

リスク・コミュニケーションとメディア―社会調査論的アプローチ

2010 年 4 月 15 日　初版第 1 刷発行
2020 年 9 月 25 日　初版第 3 刷発行

著　者　福　田　　充
発行者　木　村　慎　也

・定価はカバーに表示　　　印刷　中央印刷／製本　新里製本

発行所　株式会社　北樹出版

〒153-0061　東京都目黒区中目黒 1-2-6
電話(03)3715-1525(代表)　FAX(03)5720-1488

© Mitsuru Fukuda 2010, Printed in Japan　ISBN978-4-7793-0222-0

（落丁・乱丁の場合はお取り替えします）